Huineng

Plattform-Sutra

Angkor Verlag

Bibliografische Information der Deutschen Bibliothek: Die Deutsche Bibliothek verzeichnet diese Publikation in der Deutschen Nationalbibliografie; detaillierte bibliografische Daten sind im Internet über http://dnb.ddb.de abrufbar.

Plattform-Sutra./Huineng (Hui-neng). Deutsch von Guido Keller und Taro Yamada. – Frankfurt: Angkor Verlag 2019.

Coverabbildung: jinky liao/Shutterstock
Lektorat: Susanne König
Website: www.angkor-verlag.de
Printed in Germany

ISBN: 978-3-943839-54-8 (Ebook: 978-3-943839-55-5)

Inhalt

1. Autobiografie 6

2. *Prajnâ* 20

3. Fragen & Antworten 32

4. Meditation und Weisheit 39

5. Sitzmeditation *(dhyâna)* 44

6. Reue 46

7. Begegnungen mit Schülern 57

8. Plötzliches und allmähliches Erwachen 81

9. Das kaiserliche Edikt 90

10. Letzte Unterweisungen 94

Einleitung

Vom Plattform-Sutra, dessen Lehre dem sechsten Patriarchen Huineng (638-713) zugeschrieben wird, existieren mindestens sieben verschiedene Versionen.[1] Die früheste bekannte aus Dunhuang (9. Jh.)[2] enthält bereits Widersprüche zu Shenhuis Ansichten (684-758), der sich und die „Südschule" als legitimen Dharma-Erben Huinengs darstellen will, so dass von einer noch ursprünglicheren Version ausgegangen werden muss. 967 überarbeitete der Mönch Huixin das Sutra und unterteilte es in Kapitel. Eine darauf fußende Version von Chao Zijian aus dem Jahre 1153 – die heute auch als Kôshoji-Version bekannt ist[3] – wurde dann zur Grundlage einer längeren Ausgabe, die u. a. Material aus dem *Jinge chuandeng lu* einarbeitete. Diese orthodoxe Fassung, deren Grundlage fälschlich dem Gelehrtenmönch Qisong zugeschrieben wurde, findet sich im Taishô-Kanon bzw. dem chinesischen Kanon der Ming-Dynastie und ist um ein Drittel länger als die Dunhuang-Funde. Wir übersetzen diese so genannte Zongbao-Variante (13. Jh.). In dieser ist unter den zahlreichen Schülern Huinengs ausgerechnet Shenhui derjenige, dessen Erleuchtung nirgendwo bestätigt wird.[4] Jedoch: Von den frühesten Versionen, laut denen mit dem Plattform-Sutra (oder dessen Lektüre) die wahre Lehre Bodhidharmas weitergegeben werde, bis zu den späten, die Huineng in den Vordergrund rücken, verweist das „Sutra des sechsten Patriarchen" auf die Erkenntnis der eigenen Buddha-Natur.

---

[1] Näheres bei Morten Schlütter: "Transmission and Enlightenment in Chan Buddhism Seen Through the Platform Sûtra (*Liuzu tanjing* 六祖壇經)", in: *Chung-Hwa Buddhist Journal*, no. 20, pp. 379-410 (Taipei 2007). Bei John Jorgensen, "The Platform Sutra and the Corpus of Shenhui: Recent Critical Text Editions and Studies", in: *Revue Bibliographique de Sinologie*, Vol. 20, 2002: 399-438.

[2] Übersetzt z. B. von Philip Yampolsky: *The Platform Sutra of the Sixth Patriarch* (Columbia University Press 1978).

[3] Auf dieser Version beruht die Übersetzung ins Deutsche von Ursula Jarand: *Das Sutra des sechsten Patriarchen* (Schirner 2008), mit Kommentaren von Sôkô Morinaga Rôshi.

[4] Das japanische Wikipedia rechnet die frühen Dunhuang-Versionen der Heze-Schule (Shenhui) zu, die späteren von Ekin kompilierten der Hongzhou-Schule. Welche letztlich näher am Original sind, bleibt umstritten.

Englische Übersetzungen des Sutras (*Taishô* 48/2008: 237a-345b):

The Sixth Patriarch's Dharma Jewel Platform Sutra.
Transl. by Bhikshuni Heng Yin. With commentary by Master Hua.
Buddhist Text Translation Society 1977.

The Sixth Patriarch's Dharma Jewel Platform Sutra.
Transl. by Martin Verhoeven and Heng Sure.
Buddhist Text Translation Society 2014.

The Platform Sutra of the Sixth Patriarch.
Transl. by John McRae.
Numata Center for Buddhist Translation and Research 2000.

The Platform Sutra: The Zen-Teaching of Hui-neng.
Transl. by Red Pine.
Counterpoint 2008.

The Platform Sutra of the Sixth Patriarch.
Transl. by Philip B. Yampolsky.
Columbia University Press 2012.

Sutra spoken by the Sixth Patriarch on the High Seat of "The Treasure of the Law".
Transl. by A. F. Price and Wong Mou-Lam.
Shambala 2005.

The Sutra of Hui-neng, Grand Master of Zen.
Transl. by Thomas Cleary.
Shambala 1998.

Ch'an and Zen Teaching, Vol. 1.
Transl. by Lu K'uan Yu (Charles Luk).
Red Wheel/Weiser 1993.

Original Nature. Zen Comments on the Sixth Patriarch's Platform Sutra.
Sokei-an Sasaki.
iUniverse 2012.

I. Autobiografie

Als der große Meister im Baolin-Kloster weilte, kamen der Präfekt Wei und seine offiziellen Begleiter dorthin, um ihn in die Vortragshalle des Dafan-Klosters in der Stadt einzuladen, damit er seine Geschichte erzählen und den Versammelten den Dharma predigen konnte. Als der Meister dort seinen Sitz eingenommen hatte, verbeugten sich alle Anwesenden gleichzeitig vor ihm und baten um die Unterweisung im Dharma; das waren der Präfekt und sein Stab, mehr als dreißig an der Zahl, ebenso viele konfuzianische Gelehrte und mehr als tausend Mönche, Nonnen und Laien.

Der große Meister sprach zu ihnen: „Liebe Freunde *(shan zhishi, kalyânamitra)! Bodhi* (Erwachen) ist von Grund auf rein in seiner Geist-Essenz. Ihr müsst nur diesen Geist, den ihr schon habt, benutzen, um Buddhaschaft unmittelbar und vollständig zu erlangen. Hört genau zu! Ich erzähle euch, wie ich praktiziert und den Dharma erlangt habe.

Mein Vater stammte aus Fanyang (Provinz Hebei), doch er wurde nach Lingnan verbannt und lebte als einfacher Bürger in Xinzhou (Provinz Guangdong). Leider starb er früh, und meine betagte Mutter kam mit mir, ihrem einzigen Kind, hierher nach Nanhai. Wir waren äußerst arm, und ich verkaufte Feuerholz auf dem Markt.

Eines Tages kaufte ein Kunde von mir Holz, ließ es mich zu seinem Geschäft bringen und bezahlte mich dort bei der Übergabe. Als ich durchs Tor hinaustrat, hörte ich jemanden ein Sutra rezitieren, und sobald ich dessen Worte vernahm, öffnete sich mein Geist in Erleuchtung. Ich fragte den Mann, welches Sutra er rezitiere, und er sagte: ‚Das Diamant-Sutra.' Ich fragte weiter: ‚Wo haben Sie das denn her?' Er antwortete: ‚Ich komme aus dem Dongchan-Kloster in Huangmei (Provinz Hubei). Dort ist der fünfte Patriarch, Großmeister Hongren, für die Unterweisung zuständig. Er hat über eintausend Schüler.

Ich machte ihm meine Aufwartung und erhielt dieses Sutra. Großmeister Hongren ermahnt Mönche wie Laien, sich einfach ans Diamant-Sutra zu halten, damit sie die Geist-Natur *(zixing)* selbst sehen und Buddhaschaft unmittelbar und vollständig erlangen können.‘

Dass ich dies hören durfte, lag an einer karmischen Verbindung aus der Vergangenheit. Jemand gab mir ein paar Silbermünzen, damit ich meiner alten Mutter Essen und Kleidung kaufen konnte, und hieß mich, nach Huangmei zu gehen, um dem fünften Patriarchen meine Aufwartung zu machen. Dann verließ ich meine Mutter zum letzten Mal. In etwa dreißig Tagen erreichte ich Huangmei und verbeugte mich vor dem fünften Patriarchen.

Dieser fragte mich: ‚Woher kommst du und was suchst du?‘ Ich erwiderte: ‚Euer Schüler ist ein Bürger aus Xinzhou in Lingnan und kommt von weit her, um euch Respekt zu bezeugen. Ich will nur Buddhaschaft erlangen und suche nach nichts anderem.‘ Der Patriarch fragte: ‚Wenn du aus Lingnan bist, musst du ein Jäger sein. Wie könntest du da je Buddhaschaft erlangen?‘ Ich erwiderte: ‚Obwohl Menschen aus dem Norden oder Süden stammen, gibt es im Grunde weder Norden noch Süden in der Buddha-Natur. Auch wenn der Körper dieses Jägers sich von dem Eurigen unterscheidet – wie könnte es irgendeinen Unterschied in der Buddha-Natur geben?‘

Der fünfte Patriarch wollte sich weiter mit mir unterhalten, doch weil seine Schüler sich bereits versammelt hatten, trug er mir auf, mit ihnen an die Arbeit zu gehen. Ich meinte: ‚Wenn ich noch etwas zu Euch sagen darf: Ich erzeuge stets Weisheit in meinem eigenen Geist. Wenn jemand nicht von seiner Geist-Essenz (Selbst-Natur) abweicht, entspricht das einem Feld voller Wohltaten. Ich frage mich also, welche Arbeit Ihr mich verrichten lassen wollt.‘ Der Patriarch rief: ‚Was für ein Glao[5]-

---

[5] Die Glao (Tlao) lebten damals im südlichen China; der Ausdruck wurde allgemein für Nicht-Chinesen verwandt, die man für faul hielt.

Barbar! Du bist wirklich gerissen. Sag nichts mehr. Geh in den Kornschober!' Danach zog ich mich in eine Klause hinter dem Kloster zurück.

Ein Schüler ließ mich Kleinholz hacken und die Reismühle treten. Acht Monate später trat der Patriarch unerwartet an mich heran und sagte: ‚Ich dachte, deine Ansichten könnten von Nutzen sein, doch ich hatte Angst, dass üble Kerle dir Leid zufügen könnten. Darum habe ich noch nicht mit dir gesprochen. Verstehst du?' Ich antwortete: ‚Ich habe Eure Absichten durchschaut und es nicht gewagt, zur Haupthalle zu gehen, damit die Leute mich vergessen.'

Eines Tages rief der Patriarch all seine Schüler zusammen und sprach: ‚Ich predige euch, dass Leben und Tod die große Angelegenheit der Menschen dieser Welt sind. Doch ihr verbringt eure Zeit nur damit, nach Feldern der Wohltat zu suchen, anstatt dem Ozean des Leidens von Geburt und Tod zu entkommen. Wenn ihr bezüglich der Geist-Essenz getäuscht seid, wie könnt ihr da durch Wohltaten errettet werden? Ihr solltet alle über eure eigene Weisheit nachsinnen. Mittels der Essenz von Weisheit *(prajnâ)* in eurem eigentlichen Geist solltet ihr ein Gedicht verfassen und es mir zeigen. Wenn ihr zu der großen Bedeutung erwacht seid, werde ich Robe und Dharma an euch übertragen und zu Patriarchen der sechsten Generation machen.

Macht schnell, verschwendet keine Zeit, dies ist dringend! Denken ist nutzlos. Wer in der Lage ist, die Geist-Essenz zu erkennen, wird sie unmittelbar beim Hören dieser Worte wahrnehmen. Wenn so jemand hier anwesend ist, wird er sie selbst dann erkennen, wenn er in einer Schlacht kämpft.'

Die Versammlung empfing diese Unterweisung und zog sich zurück. Einige meinten: ‚Wir Schüler müssen unseren Geist nicht reinigen und keine Verse verfassen. Welchen Vorteil hätte es schon, dem Ehrwürdigen Hongren irgendetwas zu zeigen? Der Mönchälteste Shenxiu ist nun unser Lehrer und wird sicher den Rang des sechsten Patriarchen erlangen. Wenn Schüler wie wir Gedichte verfassten, würden wir nur unsere Kraft vergeuden.' Als andere das hörten, gaben sie es ebenfalls auf, an dieser Aufgabe zu arbeiten, und meinten: ‚Später werden wir uns auf Meister Shenxiu stützen, warum also jetzt Verse schmieden?'

Shenxiu dachte: ‚Sie werden nichts schreiben, weil sie mich für ihren Lehrer halten. Also muss ich ein Gedicht verfassen und dem Ehrwürdigen präsentieren. Wenn nicht, wie soll er dann die Tiefe meines Verständnisses erwägen? Wenn ich ein Gedicht abliefere, das die Absicht, den Dharma zu suchen, bezeugt, wird das passen. Sollte ich darin den Wunsch äußern, Patriarch zu werden, wäre das schlecht und ich würde mich nicht von einem Menschen mit gewöhnlichem Geist unterscheiden, der sich den Status eines Weisen anmaßt. Wenn ich überhaupt kein Gedicht verfasse, werde ich aber nie den Dharma erlangen. Welch ein Dilemma!'

Vor der Patriarchenhalle befanden sich drei Korridore, die ein höfischer Künstler namens Lu Zhen mit Episoden aus dem Lankâvatâra-Sutra und einem Diagramm der Übertragungslinie des fünften Patriarchen schmücken sollte, damit eine breitere Öffentlichkeit davon erführe und sie zu schätzen lernte. Als Shenxiu mit seinem Gedicht fertig war, versuchte er mehrmals, es dem Patriarchen im vorderen Teil der Halle zu präsentieren, doch sein Geist war benommen und sein Körper von Schweiß bedeckt, so dass es ihm nicht gelang. Im Laufe von vier Tagen versuchte er es dreizehn Mal vergeblich. Er dachte: ‚Es ist wohl besser, ich schreibe mein Gedicht an eine Wand im Korridor. Wenn der Ehrwürdige es sieht und für gut befindet, werde ich hervortreten und mich als Verfasser zu erkennen geben. Wenn der Patriarch es aber für unannehmbar hält, werde ich viele Jahre in diesem Kloster vergeudet haben. Trotz des Respektes der anderen, welchen Weg hätte ich dann wohl praktiziert *(xiudao)*?'

Um etwa ein Uhr nachts ergriff Shenxiu eine Lampe und schrieb, ohne dabei gesehen worden zu sein, seine Verse auf die Mauer im Südkorridor, um die Sicht seines Geistes darzustellen. Sein Gedicht lautete:

Der Körper ist der *Bodhi*-Baum,
der Geist wie ein glänzender Spiegel auf einem Ständer.
Putze ihn stets sorgfältig,
lass kein Staubkorn daran haften.

Nachdem Shenxiu dies geschrieben hatte, kehrte er auf sein Zimmer zurück, ohne dass es jemand bemerkt hätte. Er dachte bei sich: ‚Wenn morgen der fünfte Patriarch mein Gedicht sieht und zufrieden damit ist, bedeutet das, ich habe eine karmische Verbindung mit dem Dharma. Wenn er es für unannehmbar hält, bedeutet das, ich bin von sich überlagernden Hindernissen vergangenen Karmas getäuscht und nicht in der Lage, den Dharma zu erlangen. Weise Vorsehung ist schwer zu ergründen!‘ Er blieb in seinem Zimmer, grüblerisch und ohne zur Ruhe zu kommen.

Um etwa fünf Uhr früh hatte der Patriarch das Gefühl, dass Shenxiu weder das Tor durchschritten noch die Geist-Essenz erkannt hatte. Hongren rief den Maler Lu und ließ ihn die Übertragungslinie und die Episoden aus dem Sutra auf die Wand im Südkorridor auftragen. Dabei entdeckte er das Gedicht und rief aus: ‚Es ist nicht mehr nötig, dass du irgendetwas malst. Es tut mir leid, dass wir dir solche Umstände gemacht haben. Im *Diamant-Sutra* heißt es: ‚Alles, was Eigenschaften hat, ist falsch.‘ Wir sollten einfach dieses Gedicht hier belassen, damit die Menschen es rezitieren. Wenn sie entsprechend praktizieren, werden sie nicht in die unglücklichen Existenzweisen verfallen. Gemäß dieser Verse zu üben wird von großem Nutzen sein!‘

Hongren trug seinen Schülern auf, Weihrauch zu entzünden und sich vor dem Gedicht zu verbeugen: ‚Alle, die diese Verse rezitieren, werden in der Lage sein, die Natur zu erkennen.' Die Schüler rezitierten die Verse und seufzten allesamt, wie herausragend sie wären.

Doch später in der Nacht rief der Patriarch Shenxiu zu sich in die Halle und fragte: ‚Ist das dein Gedicht?' Shenxiu sagte: ‚Ja, aber ich bin nicht fähig, den Status eines Patriarchen zu beanspruchen. Ich bitte Euch um Mitleid: Besitze ich wenigstens ein bisschen Weisheit oder nicht?'

Hongren erwiderte: ‚Als du dieses Gedicht verfasstest, hattest du die grundlegende Natur noch nicht gesehen. Du bist nur vor dem Tor angelangt und noch nicht eingetreten. Mit solchem Verständnis wirst du nicht das unübertreffliche *bodhi* erlangen. Dieses unübertreffliche *bodhi* bedeutet, deinen eigenen ursprünglichen Geist erkennen zu können und zu sehen, dass deine eigene ursprüngliche Natur weder geboren ist noch verlischt. Es bedeutet, dies ganz natürlich jederzeit in allen Gedankenmomenten zu erkennen: Wenn die Myriaden *dharmas* (Phänomene) ohne Hindernis sind, dann ist das Eine wahr und damit alles wahr (d. h. wirklich). Die Myriaden Reiche sind von Natur aus genau so, und der Geist, der nur so ist, ist der wahre Geist. Wenn das, was du siehst, Soheit ist, dann handelt es sich um die Geist-Essenz des unübertrefflichen Bodhisattva.

Geh nun ein, zwei Tage über dies meditieren. Verfasse dann ein anderes Gedicht und bring es mir. Ich werde daran erkennen, ob du das Tor durchschritten hast und ich dir Robe und Dharma übertragen sollte.'

Shenxiu verbeugte sich und ging. Doch selbst nach etlichen Tagen konnte er kein weiteres Gedicht verfassen. Seine Gedanken waren benebelt, sein Geist aufgerührt, als würde er träumen, und er hatte weder am Gehen noch am Sitzen Freude.

Ein paar Tage später kam ein Schüler beim Reisschober vorbei und rezitierte die genannten Verse. Als ich sie hörte, wusste ich sofort, dass ihr Schöpfer nicht die grundlegende Natur erkannt hatte. Obwohl man mich nicht unterwiesen hatte, hatte ich bereits die große Absicht der Weisen durchschaut. Also fragte ich den Schüler: ‚Welches Gedicht rezitierst du da?' Der Schüler sagte: ‚Was für ein erbärmlicher Jäger du doch bist! Weißt du nicht, dass Großmeister Hongren lehrte, Leben und Tod seien die große Angelegenheit der Menschen dieser Welt, und dass er im Wunsch, Robe und Schale zu übertragen, seinen Schülern auftrug, Gedichte zu verfassen und sie ihm zu zeigen? Gäbe es einen, der zum großen Vorhaben erwacht sei, würde er ihm Robe und Dharma vermachen und ihn zum sechsten Patriarchen erklären. Der Älteste Shenxiu schrieb ein formloses Gedicht auf die Wand des Südkorridors. Großmeister Hongren hat uns allen aufgetragen, es zu rezitieren, denn wenn wir auf seiner Grundlage übten, würden wir nicht in die unglückseligen Existenzweisen verfallen, sondern Wohlergehen ernten.'

Ich sagte: ‚Ich habe hier mehr als acht Monate die Reismühle getreten und mich nicht mal nach vorn zur Halle gewagt, doch nun möchte ich dich bitten, mich zu diesem Gedicht zu bringen, damit ich mich davor verbeugen kann.' Der Schüler brachte mich dorthin, und ich sagte: ‚Ich kann nicht lesen. Bitte, seid so nett und lest es mir vor.' Dies tat dann ein Offizier aus Jiangzhou, der gerade dort weilte.

Nachdem ich die Verse gehört hatte, sagte ich: ‚Auch ich habe ein Gedicht und bitte den Offizier, es für mich an die Wand zu schreiben.' Dieser erwiderte: ‚Du hast ein Gedicht verfasst? Das ist ungewöhnlich!' Ich sagte: ‚Wenn Ihr das unübertreffliche *bodhi* studieren wollt, solltet ihr euch nicht über Anfänger lustig machen. Die Allerniedrigsten könnten die höchste Weisheit besitzen, und die Allerhöchsten ohne jede spirituelle Einsicht sein. Andere gering zu schätzen ist ein maßloses Übertreten der Regeln!'

Der Offizier meinte: ‚Sag einfach deine Verse. Ich schreibe sie für dich auf. Wenn du den Dharma erlangst, musst du zuerst mich erretten. Vergiss das nicht!‘

Meine Verse lauteten:

Bodhi ist von Grund auf ohne Baum,
der glänzende Spiegel [Geist] ohne Ständer [Körper].
Grundsätzlich gibt es nicht ein einziges Ding.
Wo könnte irgendwelcher Staub anhaften?

Nachdem ich dies gesagt hatte, wurden alle in der Nähe aufgeregt und seufzten vor Bewunderung. Sie sagten: ‚Wie seltsam, man kann wirklich nicht bloß nach dem Aussehen urteilen. Wieso sind immer wieder Menschen wie er lebende Bodhisattvas?‘ Als der Patriarch sah, wie sie das nervös machte, und befürchtete, man würde mir Leid zufügen, wischte er selbst meine Verse mit seiner Sandale fort und sagte: ‚Dieser Kerl hat noch nicht die Natur erblickt.‘ Die Anwesenden akzeptierten dies.

Am folgenden Tag kam Hongren insgeheim in die Schälmühle, wo er mich mit einem Steinstößel den Reis stampfen sah. Er sagte: ‚Wer den Weg sucht, vergisst seinen Leib um des Dharmas willen. Gilt das für dich?‘ Dann fragte er: ‚Ist der Reis schon reif?‘ Ich antwortete: ‚Der Reif ist schon lange reif. Er muss nur noch gesiebt werden.‘ Der Patriarch schlug drei Mal mit seinem Stab auf den Stößel und ging. Ich verstand, dass ich um ein Uhr nachts in sein Zimmer kommen sollte.

Der Patriarch verbarg seine Robe und ließ niemanden einen Blick darauf werfen. Er predigte mir das Diamant-Sutra. Als er zu den Worten ‚Man sollte einen Geist entwickeln, der nirgendwo verweilt‘ kam, erfuhr ich große Erleuchtung und erkannte, dass nichts außerhalb der Geist-Essenz existierte. Ich teilte dies dem Patriarchen mit: ‚Wer hätte gedacht, dass die Geist-Essenz grundsätzlich rein, frei von Werden und Vergehen, selbstgenügsam und unwandelbar ist und dass alle Phänomene eine Manifestation der Geist-Essenz darstellen?'

Der Patriarch wusste, dass ich zur Selbst-Natur erwacht war, und sagte: ‚Wenn man den ursprünglichen Geist nicht erkennt, hat es keinen Nutzen, den Dharma zu studieren. Wenn man jedoch den eigenen ursprünglichen Geist begreift, dann sieht man seine eigene ursprüngliche Natur. So kann man ein großer Mann, ein Lehrer von Menschen und Göttern, ein Buddha genannt werden.'

Tief in der Nacht empfing ich den Dharma. Niemand wusste davon. Dann übertrug er mir die Lehre des plötzlichen Erwachens sowie Robe und Schale mit den Worten: ‚Du bist zum Patriarchen der sechsten Generation geworden. Du solltest achtsam bleiben und ausgiebig fühlende Wesen erretten. Sorge dafür, dass sich in Zukunft der Dharma weiter verbreitet. Höre meine Verse:

Fühlende Wesen verstreuen ihre Samen,
dank der Erde werden Früchte daraus.
Nichtfühlende Objekte haben keine Samen,
keine Natur und keine Geburt.'

Der Patriarch fuhr fort: ‚Als Großmeister Bodhidharma vor langer Zeit in dieses Land kam, stützten sich die Menschen zunächst nicht auf ihn. Darum übertrug er diese Robe als Verkörperung des Vertrauens in ihn. Sie wurde über Generationen weitervererbt. Der Dharma ist die Übertragung des Geistes mittels des Geistes. Der Geist muss sich stets selbst erleuchten und befreien. Seit alters haben die Buddhas nur die grundlegende Essenz übertragen, und die Meister gaben im Geheimen den ursprünglichen Geist weiter.

Die Robe ist jedoch in den Mittelpunkt des Konfliktes geraten, und mit dir beginnend soll sie nicht mehr übertragen werden. Wenn du diese Robe überträgst, wird deine Lebenserwartung an einem seidenen Faden hängen. Du solltest dich geschwind auf den Weg machen! Ich befürchte, andere wollen dir Leid zufügen.‘ Ich fragte ihn: ‚Wohin soll ich gehen?‘ Der Patriarch sagte: ‚Wenn dir Zerstörung *(huai)* begegnet, solltest du Halt machen. Wenn du auf eine Gruppe *(hui)* triffst, solltest du dich verbergen.‘

In der Nacht nahm ich Robe und Schale und sagte: ‚Ich stamme aus Südchina und kenne die Bergpfade in dieser Gegend nicht. Wie komme ich zur Mündung des Yangzi-Flusses?‘ Der fünfte Patriarch antwortete: ‚Lass dich nicht entmutigen, ich begleite dich hinaus.‘ Der Patriarch kam bis zur Ablegestelle der Boote bei Jiujiang mit und ergriff selbst das Ruder. Ich sagte: ‚Ehrwürdiger, bitte setzt Euch. Euer Schüler sollte rudern!‘ Hongren erwiderte: ‚Ich will dich ans andere Ufer bringen.‘ Ich sagte: ‚Wenn man verwirrt ist, meint man, Lehrer würden fühlende Wesen ans andere Ufer bringen, doch wenn man erwacht ist, erkennt man, dass man selbst überzusetzen hat. Der Ausdruck ‚übersetzen‘ hat verschiedene Bedeutungen. Da ich in einem Grenzgebiet geboren wurde, ist meine Aussprache nicht richtig. Ich habe von Euch, Meister, die Übertragung des Dharma erhalten, und ich bin nun erwacht. Kann es denn anders sein als dass sich die Geist-Essenz selbst ans andere Ufer bringt?‘

Der Patriarch bestätigte: ‚So ist es! Dank dir wird der Buddhismus eine Blütezeit erleben. In drei Jahren werde ich diese Welt verlassen. Geh nun gen Süden und lass dir Zeit mit dem Predigen des Dharma. Es ist schwer, den Buddhismus zu verkünden.‘

Nachdem ich den Patriarchen verlassen hatte, ging ich in Richtung Süden. Im zweiten Monat meiner Reise gelangte ich in die Dayu-Berge. Dort stellte ich fest, dass mehrere hundert Menschen mir gefolgt waren, um Robe und Schale zu entwenden. Ein Mönch namens Huiming, der zuvor ein General vierten Ranges gewesen war, wollte mich unbedingt finden; er war von rauem und erregbarem Wesen. Schon vor den anderen erreichte er mich, und ich warf Robe und Schale auf einen Felsen, während ich sprach: ‚Diese Robe steht für die Verlässlichkeit der Patriarchen. Wie kannst du darum kämpfen?‘ Ich verbarg mich im Unterholz, und Huiming versuchte erfolglos, die Robe hochzuheben. Dann rief er nach mir: ‚O Übender! Ich bin wegen des Dharmas gekommen, nicht wegen der Robe.‘ Da kam ich hervor und setzte mich auf den Felsen.

Huiming verbeugte sich vor mir und sagte: ‚Ich wünschte, Ihr würdet mich den Dharma lehren.‘ Ich sagte: ‚Du behauptest, wegen des Dharmas gekommen zu sein. Dann musst du die zahlreichen Bedingungen auslöschen und darfst nicht einen Gedanken erzeugen. Wenn dir das gelingt, werde ich dich den Dharma lehren.‘ Huiming war eine Weile still. Ich sagte: ‚Denke nicht an gut, denke nicht an böse. Was ist in diesem Moment das ursprüngliche Gesicht von Huiming?‘ Bei diesen Worten erwachte Huiming. Er befragte mich erneut: ‚Gibt es neben den geheimen Worten, die Ihr gerade geäußert habt, noch irgendeine andere verborgene Absicht?‘ Ich sagte: ‚Was ich dich gelehrt habe, ist nicht geheim. Wenn du dein Licht nach innen richtest, wirst du erkennen, dass das Geheimnis in dir selbst liegt.‘

Huiming sagte: ‚Obwohl ich in Hongrens Kloster in Huangmei war, habe ich nie über mein ursprüngliches Gedicht nachgedacht. Nun Eure Unterweisung zu hören ist, als würde ein Mann Wasser trinken und sofort wissen, ob es kalt oder warm ist. Ihr seid jetzt mein Lehrer!‘

Ich sagte: ‚Wenn das so ist, dann haben wir denselben Lehrer aus Huangmei. Beschütze und erhalte die Lehre wohl!‘ Huiming fragte: ‚Wohin soll ich gehen?‘ Ich antwortete: ‚Wenn dir Fülle (Yuan) begegnet, solltest du anhalten, wenn du auf Freigebigkeit (Meng)[6] triffst, verweilen.‘ Huiming verbeugte sich und ging fort.

Danach ging ich nach Caoqi. Auch dort wurde ich von üblen Kerlen bedrängt, die mich verfolgten, und floh deshalb nach Shihui, wo ich insgesamt fünfzehn Jahre mit einer Gruppe von Jägern zusammenlebte. In dieser Zeit predigte ich ihnen den Dharma, wann immer sich eine Gelegenheit bot. Die Jäger ließen mich ihre Netze bewachen, doch wann immer ich darin Lebewesen fand, ließ ich diese frei. Zu den Essenszeiten gab ich dann Gemüse in den Topf, in dem eigentlich Fleisch kochen sollte. Manchmal stellten sie mir deshalb Fragen, und ich sagte: ‚Das ist nur Gemüse als Beilage zum Fleisch.‘

Eines Tages wurde mir klar, dass die Zeit reif war, den Dharma zu verbreiten, und dass ich mich nicht ewig verstecken konnte. Folglich stieg ich vom Berg hinab und ging ins Kloster Faxing in Guangzhou, wo ich Dharma-Meister Yinzong über das Nirwana-Sutra sprechen hörte. Es ging gerade ein Wind, und das Banner, das den Vortrag ankündigte, bewegte sich. Ein Mönch behauptete, es sei der Wind, ein anderer, es sei das Banner, was sich bewege. Sie diskutierten in einem fort, also trat ich hervor und meinte: ‚Weder der Wind noch das Banner bewegen sich, sondern euer Geist.‘ Alle, die das hörten, waren erstaunt. Yinzong ließ mich zum Podium kommen und fragte mich nach der Bedeutung dessen, was ich gesagt hatte. Ich meinte, die Unterscheidung der Wahrheit hinge nicht von Worten ab, und Yinzong sagte: ‚Du bist gewiss ein außergewöhnlicher Mensch. Vor langer Zeit hörte ich, dass die Robe und Schale aus Huangmei in den Süden gekommen seien. Bist du etwa derjenige, der sie empfangen hat?‘ Ich antwortete: ‚Bei aller Bescheidenheit, ich bin es.‘

---

[6] Yuan und Meng sind eigentlich Ortsbezeichnungen, Huiming wurde später Abt eines Klosters auf dem Mengshan im Yuanzhou-Distrikt. McRae hat in seiner Übersetzung mit der Deutung der Schriftzeichen eine Angleichung an den weiter oben stehenden Rat Hongrens versucht.

Yinzong verbeugte sich vor mir und bat mich, Robe und Schale der Versammlung zu zeigen. Er befragte mich weiter: ‚Welche Anweisungen hast du in Huangmei erhalten?' Ich antwortete: ‚Ich habe keinerlei Anweisungen erhalten. Wir sprachen nur über das Erkennen der Natur, nicht über *samâdhi* (meditative Versenkung) und Befreiung.' Yinzong fragte: ‚Warum habt ihr nicht über *samâdhi* und Befreiung geredet?' Ich sagte: ‚Weil die dualistischen Phänomene kein Buddhismus sind. Buddhismus beinhaltet nicht-dualistische *dharmas*.'

Yinzong fragte weiter: ‚Wie kommt es, dass der Buddhismus nicht-dualistische *dharmas* enthält?' Ich antwortete: ‚Ihr lehrt die Darlegung des Nirwana-Sutras zur Buddha-Natur, die ein nicht-dualistischer *dharma* des Buddhismus ist. So fragte der Bodhisattva Erhabene Tugend den Buddha: ‚Schneiden diejenigen ihre guten Wurzeln und die Buddha-Natur ab, die die vier Hauptgebote[7] missachten und die fünf verderbten Übertretungen[8] begehen, oder diejenigen, die Ungläubige *(icchantika)* sind?' Der Buddha antwortete: ‚Es gibt zwei Arten guter Wurzeln, eine ist von Dauer und eine unbeständig. Buddha-Natur ist weder das eine noch das andere, darum kann sie nicht abgeschnitten werden.' Dies nennt man nicht-dualistisch. Eine Art von Wurzeln wird gut genannt, die andere nicht-gut. Buddha-Natur ist weder das Gute noch das Nicht-Gute. Dies nennt man nicht-dualistisch. Die *skandha* und Sinnesbereiche werden von gewöhnlichen Menschen als zwei angesehen, doch ein Weiser erfasst ihre Natur als nicht-dualistisch. Die nicht-dualistische Natur ist nichts anderes als die Buddha-Natur.'

Als Yinzong diese Erklärung vernahm, legte er freudig seine Handflächen aneinander und sagte: ‚Mein Vortrag über das Sutra war wie ein wertloses Stück Dachziegel oder ein Stein,

---

[7] Nicht töten, nicht stehlen, nicht ehebrechen, nicht lügen.

[8] Vatermord, Muttermord, der Mord an einem Arhat (Heiligen), das Verursachen von Aufruhr im buddhistischen Orden und einem Buddha eine blutende Wunde beizubringen.

während deine Erläuterung Gold gleicht.‘ Dann ließ er mir das Haupt scheren und bat mich, sein Lehrer zu sein. Dies tat ich und legte unter dem *Bodhi*-Baum die Lehre des Ostberges dar:

‚Nachdem ich den Dharma des Ostberges empfangen hatte, plagten mich einige Leiden, und mein Leben hing an einem seidenen Faden. Heute konnte ich dieser Versammlung mit dem Präfekten, Regierungsangestellten, Mönchen, Nonnen und Laien beitreten. Dies kann nur das Ergebnis von Karma aus früheren Zeitaltern sein. Und nur weil ihr wiederum in vergangenen Leben gute Wurzeln, wie sie denen der Buddhas gleichen, gepflegt habt, konntet ihr die Lehre vom plötzlichen Erwachen hören und so die Grundlage schaffen, um den Dharma zu erlangen. Die Lehre ist die, welche von den früheren Weisen übertragen wurde, sie stammt nicht bloß von mir. Ich wünschte, ihr würdet alle dieser Lehre der alten Weisen folgen, euren Geist reinigen und eure Zweifel auslöschen. Ihr seid von den früheren Generationen der Weisen keinesfalls verschieden.‘

Daraufhin verbeugte sich die gesamte Versammlung erfreut und zerstreute sich dann.“

Am folgenden Tag bat Präfekt Wei Huineng, die fühlenden Wesen weiter mit Erläuterungen zum Dharma zu beglücken. Der Meister bestieg das Podium und sagte zur Versammlung: „Ihr solltet alle euren Geist läutern und euch auf die Große Vervollkommnung der Weisheit *(mahâprajnâpâramitâ)* konzentrieren. *Bodhi* ist die Weisheit von *prajnâ.* Die Menschen dieser Welt besitzen sie von Natur aus. Nur weil euer Geist vernebelt ist, könnt ihr nicht durch euch selbst erwachen, und müsst euch auf einen spirituellen Landsmann verlassen, der euch zeigt, wie man die Natur erkennt. Versteht, dass es von Grund auf keine Unterscheidung zwischen der Buddha-Natur eines Narren und eines Weisen gibt. Nur weil ihr in Begriffen von Täuschung und Erleuchtung denkt, haltet ihr sie für verschieden, für närrisch und weise.

Ich werde euch nun die Große Vervollkommnung der Weisheit erläutern, damit ihr sie alle erlangt. Hört bitte gut zu!

Meine Freunde, die Menschen dieser Welt rezitieren *prajnâ* stets mit dem Mund, erkennen aber nicht das *prajnâ* ihrer Selbst-Natur. Doch wenn man übers Essen redet, wird dadurch ja auch nicht der Hunger gestillt. Wenn ihr also über Leere bloß mit euren Mündern sprecht, werdet ihr die Natur zahllose Zeitalter lang nicht erkennen. Dies nutzt letztlich niemandem.

Mahâprajnâpâramitâ ist ein Wort aus dem Sanskrit. Wir übersetzen es mit: ‚Große Weisheit, die ans andere Ufer gelangt‘. Dies muss im Geist geübt werden, nicht im Mund. Es mündlich zu rezitieren, ohne es im Geiste zu praktizieren, kommt einer Halluzination gleich und ist so flüchtig wie Tau oder ein Blitzstrahl. Es mündlich zu rezitieren und geistig zu praktizieren bedeutet, dass Geist und Zunge im Einklang sein sollen. Die grundlegende Natur ist Buddha. Es gibt keinen anderen Buddha abseits dieser Natur.

Was ist *,mahâ'*? *Mahâ* bedeutet ‚groß'. Die Fähigkeit des Geistes zur Reflektion ist grenzenlos wie das All. Das All kennt kein eckig oder rund, groß oder klein. Es ist weder blau noch gelb, rot oder weiß. Es ist ohne oben und unten, lang und kurz, Wut und Freude, Bestätigung und Ablehnung, gut und böse, Anfang und Ende. Die Bereiche Buddhas entsprechen dem All. Die wundersame Natur der Menschen dieser Welt ist leer und ohne ein einziges *dharma*, das man wahrnehmen könnte. Die Leere der Selbst-Natur ist genau so.

Liebe Freunde, hängt euch nicht an die Leere, während ich von ihr spreche. Am wichtigsten ist, nicht an der Leere anzuhaften. Wenn ihr euren Geist leer macht und in Stille sitzt, dann bedeutet das, an der Leere geistiger Abwesenheit zu haften.

Das All beinhaltet in sich Myriaden von Dingen und all die Abbilder von Formen: Sonne, Mond, Sterne, Berge, Flüsse, die Erde, den Frühling und die Flüsse, die Pflanzen und Wälder nähren; schlechte wie gute Menschen, üble wie angenehme Phänomene, Himmel und Höllen, die großen Ozeane und den Berg Sumeru. Die Leere der Natur der Menschen dieser Welt ist genauso. Dass diese Selbst-Natur die Myriaden Phänomene enthalten kann, nennt man ‚großartig'. Die Myriaden Phänomene sind innerhalb der Natur der Menschen. Wenn man das Gute und Schlechte der Menschen wahrnimmt, ohne dieses zu ergreifen oder abzulehnen, wird man nicht davon befleckt. Ein Geist, der wie der weite Raum ist, wird ‚großartig' genannt. Das meint man mit *,mahâ'*.

Die Verwirrten sprechen mit ihren Mündern, doch die Weisen durch ihren Geist. Es gibt Verwirrte, die ihren Geist leeren und in Stille sitzen, ohne an irgendetwas zu denken, und dies als großartig bezeichnen. Zu denen könnt ihr nicht mal sprechen, so falsch sind ihre Ansichten.

Die Reflexion des Geistes ist weitreichend und groß, sie durchdringt den Kosmos *(dharmadhâtu)*. Sie wirkt, indem sie umfassend und deutlich auf die Dinge antwortet. Sie erkennt alles. Alles ist der eine Geist, der eine Geist ist alles. Geist und Phänomene kommen und gehen von selbst, die Essenz des Geistes ist ohne Stillstand. Dies nennt man *‚prajnâ'*.

Alle *prajnâ*-Weisheit wird aus der Selbst-Natur erzeugt; sie tritt nicht von außen ein. Sich über ihre Wirkung nicht zu täuschen, wird spontanes Wirken der wahren Natur genannt. Wenn der eine Geist wahr ist, dann sind alle Dinge wahr. Wenn euer Geist die große Angelegenheit bedenkt, werdet ihr nicht den kleinen Pfad praktizieren. Sprecht nicht ständig von der Leere, ohne sie geistig zu praktizieren. Das wäre so, als würde ein gewöhnlicher Mensch sich als König bezeichnen. So würdet ihr gar nichts erreichen und wäret nicht meine Schüler.

Liebe Freunde, was ist *prajnâ?* Es steht für Weisheit. An allen Orten stets Weisheit zu praktizieren, in allen Gedanken, ohne je töricht zu sein, gilt als Übung von *prajnâ*. Die Torheit eines einzigen Augenblicks löscht *prajnâ* aus, und in einem einzigen Moment der Weisheit wird *prajnâ* erzeugt. Die Menschen dieser Welt sind verwirrt und töricht und erkennen *prajnâ* nicht. Sie reden nur davon, ohne ihre Dummheit abzulegen. Sie reden sich selbst ein: ‚Ich kultiviere *prajnâ*.' Dauernd sprechen sie von Leere, ohne wahre Leere zu erkennen. *Prajnâ* ist ohne Form und Eigenschaften, es ist der Geist der Weisheit. Solches Verständnis zu haben, wird die Weisheit von *prajnâ* genannt.

Was ist *‚pâramitâ'?* Das Wort stammt aus dem Indischen und bedeutet ‚am anderen Ufer ankommen'. Wenn man die Bedeutung des Buddhismus begreift, überschreitet man *samsâra*. Haftet man jedoch an den eigenen Sinnesbereichen, wird *samsâra* aktiviert, so wie Wellen auf dem Wasser erscheinen. Darüber gilt es ans ‚andere Ufer zu gelangen', und darum heißt es *‚pâramitâ'*.

Die Verwirrten rezitieren also mit dem Mund, aus Falschheit und Irrtum heraus. Wahre Natur wird jedoch genannt, in jedem

Gedankenmoment zu praktizieren. Zu diesem Dharma zu erwachen ist der Dharma von *prajnâ*, diese Praxis zu kultivieren ist die Praxis von *prajnâ*. Wer dies nicht kultiviert, ist ein gewöhnlicher, unerwachter Mensch. Es in einem einzigen Gedankenmoment zu kultivieren bedeutet freilich, dem Buddha im eigenen Körper gleichzukommen.

Liebe Freunde! Gewöhnliche Menschen sind Buddhas, und die Leiden sind *bodhi*. In täuschenden Gedanken war man eben noch ein gewöhnlicher Mensch, doch im folgenden Augenblick ist man durch einen erleuchteten Gedanken ein Buddha. In Gedanken an den eigenen Sinnesbereichen zu haften bedeutet Leiden, doch in einem folgenden Gedanken diese Bereiche zu transzendieren ist *bodhi*.

‚*Mahâprajnâpâramita*' ist das Meistverehrte, Höchste, Wichtigste. Es ist ohne Verweilen (in der Gegenwart), ohne Gehen (in der Vergangenheit) und ohne Kommen (aus der Zukunft). Darum erstehen alle Buddhas der drei Zeitalter. Ihr solltet diese großartige Weisheit nutzen, um die entnervenden Befleckungen durch die fünf *skandha* zu vernichten. Wer so praktiziert, wird mit Sicherheit die Erleuchtung der Buddhaschaft erlangen und die drei Hindernisse (Gifte)[9] in Tugendhaftigkeit, Meditation und Weisheit verwandeln.

Liebe Freunde, in unserer Lehre werden 84.000 Weisheiten aus dem einen *prajnâ* erzeugt, weil die Menschen dieser Welt unter 84.000 plagenden Befleckungen leiden. Hätten sie diese nicht, wäre stets Weisheit manifest, und sie würden nicht von ihrer Selbst-Natur abweichen. Zu diesem Dharma zu erwachen heißt, ohne Gedanken zu sein. Ohne Rückbesinnung und ohne Anhaften zu sein und nicht das Falsche und Täuschende anzuregen, erlaubt der eigenen Selbst-Natur zu wirken. Mit Weisheit über alle Phänomene nachzusinnen, ohne sie zu ergreifen oder abzulehnen, bedeutet, die Natur zu erkennen und die Erleuchtung der Buddhaschaft zu verwirklichen.

---

[9] Begierde, Hass, Unwissenheit.

Wenn ihr in den tiefgründigen *dharmadhâtu* (die absolute Realität) und das *samâdhi* von *prajnâ* eintreten wollt, müsst ihr die Übung von *prajnâ* kultivieren und das Diamant-Sutra rezitieren. So wird euch die Erkenntnis eurer Natur gelingen. Ihr solltet verstehen, dass das Verdienst dieses Sutras unermesslich und unbegrenzt ist. Es wird im Sutra selbst gepriesen, ich kann es hier nicht vollständig erklären. Diese Lehre stellt das Höchste Fahrzeug dar. Sie wird für solche von großer Weisheit und von überlegenen Fähigkeiten gepredigt. Wer von begrenzter Auffassungsgabe und Einsicht ist und davon hört, wird Zweifel hegen. Denn sie wird mit heftigem Regen verglichen, die von den Riesendrachen *(nâga)* auf diese Welt (Jambudvîpa) herabkommt und alle Städte und Dörfer fortspült, als wären sie Schwimmpflanzen. Doch Regen, der ins Meer fällt, lässt dieses weder an- noch abschwellen. Wenn ein Anhänger des Mahâyâna oder des Höchsten Fahrzeugs diese Erklärung aus dem Diamant-Sutra vernimmt, wird sich sein Geist in erleuchtetem Verständnis öffnen. Versteht also, dass eure grundlegende Natur in sich selbst die Weisheit von *prajnâ* trägt. Erlaubt ihr dieser Weisheit, in ständiger Kontemplation aus sich selbst zu wirken, braucht ihr euch nicht auf geschriebene Worte zu verlassen. Sie wird mit Regenwasser verglichen, das nicht vom Himmel kommt. Es wird von einem Drachen erzeugt und bereichert alle fühlenden und nicht-fühlenden Wesen und alle Pflanzen. Doch die hundert Ströme fließen im Ozean zusammen und werden eins. So ist es auch mit der Weisheit von *prajnâ*, die die grundlegende Natur der fühlenden Wesen darstellt.

Liebe Freunde, wer von geringer Auffassungsgabe ist und dies Lehre vom plötzlichen Erwachen hört, ist wie eine Pflanze, deren Möglichkeiten begrenzt sind; bei starkem Regen fällt sie zusammen und kann nicht weiter wachsen. Menschen mit geringer Auffassungsgabe besitzen zwar im Grunde die Weisheit von *prajnâ* genau wie diejenigen, die sehr weise sind. Warum also hören sie den Dharma, ohne davon erleuchtet werden zu können? Es liegt an der tiefen Verwurzeltheit ihrer falschen Ansichten und den vielen Schichten ihrer Kümmernisse; wenn große Wolken die Sonne verdecken, wird deren Licht erst wieder sichtbar, sobald ein Wind diese Wolken fortbläst.

Es gibt auch kein Groß und Klein in der Weisheit von *prajnâ*, lediglich der Grad von Täuschung und Erwachen im Geist der fühlenden Wesen variiert. Wer getäuscht ist, scheint vielleicht den Weg zu kultivieren und Buddhaschaft zu suchen, ist jedoch nicht zu seiner Selbst-Natur erwacht. Daher kann man sagen, er habe geringe Fähigkeiten. Wenn jemand zur plötzlichen Lehre erwacht, kann er nicht oberflächlich praktizieren, sondern sollte fortwährend rechte Ansichten in seinem eigenen Geist anregen, damit plagende Kümmernisse ihn nicht mehr beflecken können. Dies bedeutet, die Natur zu erkennen.

Man sollte weder im Innern noch im Äußeren verweilen. Das eigene Kommen und Gehen sollte unabhängig sein. Wer den Geist des Anhaftens auslöschen kann, wird ungehindert Durchdringen erlangen. Alle, die diese Praxis pflegen, sind in Übereinstimmung mit dem, was im Diamant-Sutra beschrieben wird.

Liebe Freunde, alle Sutras mit ihren Worten, das kleine und das große Fahrzeug und die zwölf Abschnitte des Kanons wurden aufgrund von Menschen und nur dank der Weisheitsnatur eingeführt. Gäbe es keine Menschen in dieser Welt, wären alle Myriaden von Phänomenen von Grund auf nicht-existent. Ihr solltet also erkennen, dass die Myriaden *dharmas* ursprünglich wegen der Menschen erzeugt wurden und darum auch alle Sutras und Texte existieren und gepredigt werden.

Weil einige Menschen weise und andere einfältig sind, stellen die Einfältigen den Weisen Fragen, und die Weisen predigen den Einfältigen den Dharma. Wenn ein Einfältiger plötzlich erwacht und sich sein Geist öffnet, unterscheidet er sich nicht mehr von einem Weisen.

Ist einer unerwacht, dann sind die Buddhas fühlende Wesen. Erwacht einer aber nur einen einzigen Gedankenmoment lang, dann sind fühlende Wesen Buddhas. Begreift also, dass sich die Myriaden *dharmas* alle in eurem eigenen Geist befinden. Warum könnt ihr nicht auf einen Schlag die grundlegende Natur der Soheit innerhalb eures Geistes erkennen? Das ‚Sutra der Bodhisattva-Gelübde' sagt: ‚Ich bin von Grund auf rein in Selbst-Natur.' Wenn ihr euren eigenen Geist erkennt und eure Natur seht, werdet ihr mit Sicherheit die Erleuchtung der Buddhaschaft erlangen. Im Vimalakîrti-Sutra heißt es: ‚Dann fand er unerwartet den ursprünglichen Geist wieder.'

Liebe Freunde, als ich beim Ehrwürdigen Hongren weilte, wurde ich erleuchtet, sobald ich ihn reden hörte. Ich erkannte plötzlich die grundlegende Natur der Soheit. Darum verbreite ich diese Lehre jetzt unter euch, die ihr den Weg studiert. Möget ihr plötzlich erwachen und *bodhi* erlangen! Betrachtet euren Geist und erkennt diese ursprüngliche Natur. Wenn ihr nicht durch euch selbst erwacht, müsst ihr euch einen herausragenden spirituellen Freund suchen, der den Dharma und das Höchste Fahrzeug versteht und euch direkt den rechten Pfad aufzeigen kann. Dieser spirituelle Freund soll erfahren sein und euch dazu bringen, die Natur zu erkennen. Dies gelingt, weil er in der Lage ist, die Ursachen aller guten *dharmas* zu manifestieren. Alle Buddhas der drei Zeitalter und die zwölf Abschnitte des Kanons sind von Grund auf in der Natur der Menschen enthalten, doch wenn ihr nicht selbst erwacht, müsst ihr die Anleitung eines spirituellen Begleiters suchen, um die Natur erkennen zu können.

Könnt ihr durch euch selbst erwachen, hängt euch nicht an äußeres Suchen. Glaubt nicht, dass ich gesagt hätte, Befreiung sei ausschließlich durch die Hilfe eines spirituellen Freundes möglich. Das ist nicht der Fall. Denn in eurem eigenen Geist ist ein spiritueller Freund, der euch dabei helfen wird, durch euch selbst zu erwachen. Aktiviert ihr falsche und täuschende Gedanken, werdet ihr davon völlig verwirrt. Obwohl äußere spirituelle Begleiter eure Lehrer sein mögen, können sie euch dann nicht retten. Wenn ihr aber das Rechte und Wahre aktiviert und mittels *prajnâ* nachsinnt, werden all eure falschen Gedanken in einem einzigen Moment vollständig ausgelöscht. Erkennt ihr die Selbst-Natur, werdet ihr mit einer einzigen Erleuchtungserfahrung die Stufe der Buddhaschaft erreichen.

In der Kontemplation von Weisheit sind Inneres wie Äußeres klar durchdrungen, und man erkennt den eigenen grundlegenden Geist. Wenn ihr euren ursprünglichen Geist erkennt, ist dies die ursprüngliche Befreiung. Und wenn ihr Befreiung erlangt, ist dies das *samâdhi* von *prajnâ*, also Nicht-Denken.

Was ist Nicht-Denken? Wenn beim Wahrnehmen aller Phänomene der Geist nicht befleckt wird und nicht anhaftet, dann ist dies Nicht-Denken. Das Wirken des Geistes durchdringt alle Orte, haftet aber nicht an ihnen an. Läutert einfach den grundlegenden Geist, damit sich die sechs Bewusstseinsarten von den sechs Sinnestoren erheben, ihr ohne Befleckung und Verschiedenheit innerhalb der sechs Sinnesempfindungen seid, selbstbestimmt beim Kommen und Gehen der geistigen Phänomene bleibt und ohne Stillstand eure durchdringende Wirkung entfaltet. Dies ist das *samâdhi* von *prajnâ*, die eigenständige Befreiung und die Praxis des Nicht-Denkens.

Wenn man deshalb nicht an die hundert Dinge denkt, um dadurch Gedanken auszurotten, dann ist man innerhalb des Dharma gefesselt und entwickelt extreme Ansichten. Zum Dharma des Nicht-Denkens erleuchtet zu sein bedeutet, die Myriaden an Phänomenen vollständig durchdrungen zu haben. Es bedeutet, die Reiche aller Buddhas zu erkennen und auf der Stufe der Buddhaschaft anzugelangen.

Liebe Freunde! Wer meinen Dharma in späteren Generationen erlangt, wird genau auf Grundlage dieser plötzlichen Lehre, die ich erläuterte, erkennen und praktizieren. Weil er das Gelübde ablegt, Buddhaschaft zu erlangen, und es so aufrechterhält, als würde er dem Buddha selbst dienen, wird er in seinem ganzen Leben keine Rückschritte machen und gewiss die Stufe der Weisheit erreichen. Doch er muss auch das übertragen, was zuvor insgeheim übertragen wurde, und zwar, ohne den wahren Dharma zu verschleiern. Wenn er nicht so erkennt und praktiziert, wie ich es sagte, sondern einen anderen Dharma pflegt, wird es keine Übertragung geben, und er wird seinen Vorfahren einen Bärendienst erweisen. Dies würde den fühlenden Wesen nicht nutzen. Ich fürchte, dass einfältige Menschen diese Lehre nicht verstehen und verunglimpfen werden, wodurch sie ihre Samen der Buddhaschaft für hundert Äonen und tausend Leben vernichten.

Ich habe einen formlosen Vers, den ich euch vortragen möchte. Ob ihr Haushälter seid oder euer Zuhause verlassen habt, ihr solltet im Einklang damit üben. Doch die Erleuchtung nicht selbst zu kultivieren und sich bloß an meine Worte zu erinnern, bringt überhaupt nichts. Hört also her!

Die Kenntnis der Lehre und die des Geistes
sind wie die Sonne im Universum.
Ich übertrage bloß den Dharma vom Erkennen der Natur.
Ich bin in der Welt erschienen,
  um falsche Lehren zu vernichten.

Es gibt kein plötzlich und allmählich im Dharma,
Täuschung und Erleuchtung sind der Grund,
  warum eines als langsam, ein anderes als schnell gilt.
Es gibt nur diese Lehre von der Erkenntnis der Natur,
die Einfaltspinsel nicht verstehen können.
Auch wenn es unzählige Wege gibt, es zu erklären,
kommen die Vernünftigen alle auf den einen zurück.
Im dunklen Haus der Kümmernisse
strahlt stets die Sonne der Weisheit.

Das Falsche taucht auf und mit ihm die Befleckungen.
Das Rechte taucht auf,
und mit ihm sind Befleckungen erloschen.
Indem man weder Falschem noch Rechtem
zu wirken erlaubt,
erreicht man in Reinheit das, was ohne Rest ist (Nirwana).

Bodhi ist von Grund auf die Selbst-Natur.
Doch ihr verwirrt sie, wenn der Geist unterscheidet.
Läutert den Geist innerhalb des Falschen.
Seid einfach recht, ohne die drei Hindernisse.

Wenn die Menschen dieser Welt den Weg kultivieren,
werden sie von nichts behindert.
Erkennt stets eure eigenen Irrtümer
und seid im Einklang mit dem Weg.

Jede Lebensform hat ihren eigenen Weg,
sie behindern oder plagen einander nicht.
Wenn einer seinen Weg verlässt,
um anderswo sein Heil zu finden,
wird es ihm nicht gelingen.

Verbringt einer sein Leben in Ausflüchten,
wird er sich letztlich selbst Kummer machen.
Wollt ihr den wahren Weg erkennen,
praktiziert das Rechte, dies ist der Weg.

Wenn man keine Sehnsucht nach der Buddhaschaft
in den Augen hat,
wird man in Dunkelheit praktizieren
und den Weg nicht sehen.
Ist einer aber ein wahrer Kultivator des Weges,
wird er die Fehltritte der Welt nicht wahrnehmen.
Sieht einer die Irrtümer der anderen,
werden seine eigenen eher vermehrt.

Meint einer sogar, nur die anderen seien im Irrtum,
  nicht aber er selbst,
dann wird das allein zu einem Verstoß.

Merzt einfach jede Neigung aus, Irrtümer zu sehen,
und zerschmettert so die Befleckungen.
Wenn weder Abneigung noch Anziehung im Geist sind,
können wir geruhsam schlafen.

Wollt ihr andere lehren,
müsst ihr selbst über geschickte Mittel verfügen.
Lasst sie ihre Zweifel zerstören,
denn dies erlaubt ihrer Selbst-Natur, sich zu manifestieren.

Das Königreich Buddhas ist in dieser Welt,
und in ihr ist nach Erleuchtung zu streben.
Bodhi abseits der Welt zu suchen
ist wie nach dem Horn eines Hasen zu jagen.

Rechte Sicht ist transzendent,
falsche Sicht weltlich.
Wenn falsche und rechte Sicht vollständig vernichtet sind,
erscheint die Natur von *bodhi*.

Diese Verse sind die plötzliche Lehre.
Sie wird auch das große Schiff des Dharma genannt.
Die Getäuschten mögen äonenlang den Sutras lauschen,
doch Erleuchtung geschieht in einem Augenblick.“

Der Meister sprach noch einmal: „Ich habe nun im Dafan-Kloster diese plötzliche Lehre gepredigt und hoffe, dass alle fühlenden Wesen überall im *dharmadhâtu* dadurch die Natur erkennen und Buddaschaft verwirklichen.“

Alle, die zu dieser Zeit die Lehre des Meisters hörten – Präfekt Wei, die Regierungsbeamten, die Ordinierten und Laien –, erfuhren Erleuchtung. Sie verbeugten sich gemeinsam und seufzten: „Herausragend! Wer hätte gedacht, dass ein Buddha in Lingnan erscheint?!“

Eines Tages gab Präfekt Wei auf Anregung des Meisters hin ein großes vegetarisches Fest. Als das Fest vorbei war, lud der Präfekt den Meister ein, das Podium zu besteigen, um einen Vortrag zu halten. Die Regierungsbeamten, Gelehrten und Bürger verbeugten sich noch einmal respektvoll und sagten: „Es war wirklich wunderbar für uns, Euer Ehrwürden den Dharma erläutern zu hören, doch nun haben wir ein paar kleine Zweifel. Wir wünschen uns, dass Ihr in Eurem großen Mitempfinden eine besondere Anstrengung macht, um diese auszuräumen." Der Meister erwiderte: „Wenn ihr Zweifel habt, dann fragt, und ich werde antworten."

Fürst Wei fragte: „Die Doktrin, die Ihr gepredigt habt, ist wohl die von Großmeister Bodhidharma?" Der Meister bestätigte dies. Wei fragte weiter: „Ich habe gehört, als Bodhidharma zunächst Kaiser Wu aus Liang unterrichtete, fragte dieser ihn: ‚Mein ganzes Leben lang habe ich Klöster errichten lassen, Mönche ordiniert und vegetarische Feste gegeben. Welches Verdienst liegt darin?' Bodhidharma antwortete: ‚Das ist alles ohne Verdienst.' Wei fragte: ‚Euer Schüler versteht das Prinzip darin nicht und bittet Euch, es zu erläutern.'"

Der Meister sagte: „‚Das ist alles ohne Verdienst' – zweifelt nicht an den Worten des alten Weisen! Kaiser Wu war andersgläubig und verstand den rechten Dharma nicht. Klöster zu bauen, Mönche zu ordinieren und vegetarische Feste zu geben bedeutet, Segnungen zu erstreben, doch diese kann man nicht in Verdienst verwandeln. Verdienst existiert innerhalb des *dharmakâya*[10], nicht in der Kultivierung von Segnungen.

[10] Einer der drei Körper Buddhas in der Lehre des Mahâyâna, dessen unmanifestierter, unvorstellbarer Aspekt; die ursprüngliche erleuchtete Natur des Geistes; „Körper der Leerheit".

Die Natur zu erkennen ist Verdienst, universelle Gleichheit ist Tugend. Ohne Stillstand in aufeinanderfolgenden Gedankenmomenten zu sein und stets die grundlegende Natur zu erkennen und die wunderbare Wirkung des Wahren und Tatsächlichen zu besitzen, bedeutet ‚verdienstvolle Tugenden'. Von demütigem Geist zu sein ist Verdienst, Freundlichkeit nach außen zu praktizieren ist Tugend. Wenn die Selbst-Natur die Myriaden *dharmas* begründet, ist dies Verdienst, wenn die Geist-Essenz Gedanken transzendiert, ist dies Tugend. Von der Selbst-Natur nicht abzuweichen ist Verdienst, das eigene reagierende Wirken unbefleckt zu halten ist Tugend. Eine solche Praxis auf der Suche nach dem verdienstvollen und tugendhaften *dharmakâya* bedeutet ‚verdienstvolle Tugend'. Wer Verdienst kultiviert, muss ohne herabsetzende Gedanken stets allen gegenüber Respekt praktizieren. Wer ständig andere verunglimpft, wird seine eigene falsche Ansicht zum Selbst nicht auslöschen und ist ohne Verdienst. Wer Selbst-Natur für unwirklich und falsch hält, ist ohne Tugend, da er sich für großartig hält und ständig auf anderen herumhackt.

Liebe Freunde, ohne Aufschub kontinuierlich Gedanken der Demut zu hegen, ist Verdienst, die geistige Übung von Unvoreingenommenheit und Geradlinigkeit ist Tugend. Die Selbst-Natur selbst zu kultivieren ist Verdienst, den Körper (moralisch) zu kultivieren ist Tugend.

Verdienst muss innerhalb der Selbst-Natur erkannt werden, man kann ihn nicht in Spenden und Opfergaben suchen. Segnungen und Verdienst sind also verschieden. Kaiser Wu verstand nicht die Wahrheit hierin, unser Patriarch aber lag keineswegs falsch."

Präfekt Wei fragte weiter: „Euer Schüler sieht ständig Mönche und Laien ihre Konzentration auf den Buddha Amitâbha richten und sich die Wiedergeburt im Westlichen Paradies wünschen. Bitte erläutert dies: Werden sie wiedergeboren oder nicht? Bitte zerstreut meine Zweifel."

Der Meister antwortete: „Hört zu, ich werde es Euch erklären. Als der von der Welt Geehrte in Shrâvastî weilte, sprach er vom Westlichen Paradies, um die Bewohner Shrâvastîs zu verlocken, den Buddhismus zu praktizieren. Die Schriften sind hier sehr deutlich, wenn sie sagen, dieses Paradies sei ‚nicht weit von hier'; und doch sind es zehn (mal) zehntausend *li*[11] und achttausend *li* von hier zum Reinen Land, was den zehn Bösartigkeiten[12] und acht Irrlehren[13] im Körper entspricht. So wird das Reine Land als entfernt erklärt. Dies geschieht für diejenigen mit geringer Auffassungsgabe, während die Erklärung vom Reinen Land als nah für diejenigen mit überlegener Auffassungsgabe gegeben wird. Obwohl es zwei Arten von Menschen gibt, sind da keine zwei verschiedene Dharma. Und obgleich verwirrte und erleuchtete Menschen sich unterscheiden, ist da nur langsam und schnell in der Erkenntnis. Der Verwirrte rezitiert Buddhas Namen und strebt nach Wiedergeburt an diesem anderen Ort, während der Erleuchtete seinen Geist läutert. Darum sagte der Buddha: ‚So wie der Geist geläutert ist, so auch das Buddha-Land.'

Präfekt Wei, Ihr kommt aus dem Osten: Wenn nur Euer Geist rein ist, werdet Ihr ohne Vergehen sein. Doch die Leute aus dem Westen sind von unreinem Geist und im Irrtum. Wenn ein Mensch aus dem Osten einen Verstoß begeht, kann er Buddhas Namen rezitieren und Wiedergeburt im Westlichen Paradies anstreben. Doch wo sollte ein Mensch aus dem Westen nach einem Vergehen wiedergeboren werden, wenn er Buddhas Namen rezitiert? Gewöhnliche einfältige Menschen verstehen weder ihre Buddha-Natur noch, dass das Reine Land in ihrem Körper ist. Ob man sich gen Osten oder Westen sehnt, der Erleuchtete ist an jedem Ort gleich. Darum sagte der Buddha:

[11] Maßangabe der Entfernung; Price übersetzt 108.000 Meilen.

[12] Töten, Stehlen, Ehebruch, Lügen, Doppelzüngigkeit (Verleumden), rohe Sprache, leeres Geschwätz, Gier, Wut, falsche Ansichten.

[13] Das Gegenteil des achtfachen Pfades.

‚Stets in freudiger Ruhe, wo man auch ist.‘ Präfekt Wei, haltet einfach Euren Geistesgrund frei von dem, was nicht gut ist, und das Westliche Paradies wird nicht fern sein. Wenn Ihr aber das, was nicht gut ist, in Eurem Geist erwägt, wird es unmöglich sein, Wiedergeburt im Reinen Land durch die Rezitation von Buddhas Namen zu erreichen.

Ich ermahne euch nun, liebe Freunde: Zunächst die zehn Bösartigkeiten auszulöschen bedeutet, jene zehn (mal) zehntausend *li* zu gehen. Später die acht Irrlehren zu eliminieren bedeutet, über die achttausend *li* hinauszugehen. Die eigene Natur in aufeinanderfolgenden Gedankenmomenten zu sehen und stets Unvoreingenommenheit und Geradlinigkeit zu praktizieren bedeutet, mit einem Fingerschnippen *(ksana)* eine Vision von Amitâbha zu gewinnen. Präfekt Wei, praktiziert einfach die zehn Arten des Guten. Warum wollt Ihr im Reinen Land wiedergeboren werden? Wenn Ihr nicht die zehn Bösartigkeiten aus Eurem Geist verbannt, welcher Buddha soll Euch dann ins Westliche Paradies geleiten? Wenn Ihr zur plötzlichen Dharma-Lehre der Geburtlosigkeit erwacht, werdet Ihr das Westliche Paradies in nur einem Augenblick sehen. Rezitiert Ihr aber Buddhas Namen und strebt nach Wiedergeburt im Reinen Land, ohne erleuchtet zu sein, wie soll Euch da die Reise auf einem solch langen Weg gelingen? Ich werde das Westliche Paradies für Euch in einem Augenblick bewegen, damit Ihr es genau vor Euch sehen könnt. Wollt ihr alle es sehen?“

Alle in der Versammlung verneigten sich bis zum Boden und sagten: „Wenn wir es hier sehen könnten, wieso sollten wir dann dort wiedergeboren werden wollen? Wir bitten Euer Ehrwürden um das Mitempfinden, das Westliche Paradies für uns alle sichtbar zu manifestieren.“

Der Meister sagte: „Ihr müsst verstehen, dass die Formkörper aller Menschen in dieser Welt die Städtemauern des Reinen Landes darstellen. Eure Augen, Ohren, eure Nase und Zunge sind die Tore des Reinen Landes. Nach außen habt ihr fünf Tore, im Innern das Tor des Denkens. Der Geist ist der Grund, die Natur der König. Der König residiert auf dem Geistesgrund, und die Natur existiert so, wie ein König existiert. Wenn die Natur geht, ist auch der König abwesend. Ist die Natur gegenwärtig, dann dauern Körper und Geist an. Wenn die Natur fortgeht, zerfällt der Körper. ‚Buddha' handelt innerhalb der Natur, haltet nicht außerhalb eurer Körper nach ihm Ausschau! Ist man in Hinblick auf die Selbst-Natur getäuscht, dann gilt man als fühlendes Wesen; doch wenn man die Selbst-Natur erkennt, ist man ein Buddha.

Mitempfinden *(karunâ)* und Freundlichkeit *(maitrî)* sind Avalokiteshvara, Freude *(muditâ)* und Gleichmut oder Verzicht *(upekshâ)*[14] sind Mahâsthamaprâpta, die Fähigkeit zum Läutern ist Shâkyamuni, Unvoreingenommenheit und Geradlinigkeit sind Amitâbha. Das Selbst ist Sumeru, Begierde das Wasser des Ozeans, Kümmernisse die Wellen. Die Gifte sind die bösen Drachen, Falschheiten sind Geister, plagende Befleckungen sind die Fische, Lust und Zorn sind die Höllen, Einfältigkeit entspricht den Tieren.

Liebe Freunde, wenn ihr stets die zehn Arten des Guten praktiziert, werdet ihr ins Paradies kommen. Wenn ihr die falsche Vorstellung vom Selbst ausrottet, wird der Berg Sumeru zusammenstürzen; wenn ihr Begierde zerstört, wird das Wasser des Ozeans austrocknen; wenn ihr Kümmernisse beseitigt, werden die Wellen verschwinden; und wenn ihr die Gifte ausmerzt, werden die Fische und Drachen *(nâga)* ausgerottet.

Der Tathâgata[15], der die Natur in seinem eigenen Geistesgrund erkannt hat, gibt ein starkes Strahlen ab und erleuchtet die äußeren Tore; seine Reinheit kann alle Himmel der sechs Begierden vernichten. Durch das Erleuchten der inneren

---

[14] Die „vier Unermesslichen" oder unbegrenzten Geisteszustände Buddhas.

[15] Der so (wie alle Buddhas) Gekommene, der vollkommene Weisheit erlangt hat.

Selbst-Natur sind die drei Gifte eliminiert, und alle Vergehen, die in die Hölle führen, werden in einem Augenblick aufgelöst. Innen und außen klar durchdringend, ist dies nicht vom Westlichen Paradies verschieden. Wenn ihr nicht auf diese Art übt, wie könntet ihr je dort angelangen?“

Als die Anwesenden diese Erklärung vernahmen, erkannten sie allesamt ihre Natur. Sie verbeugten sich und seufzten: „Wie vorzüglich!“ Und sie riefen aus: „Wir wünschen uns, dass alle fühlenden Wesen überall im *dharmadhâtu* unverzüglich Erleuchtung erlangen mögen!“

Der Meister sagte: „Wenn ihr diese Praxis kultivieren wollt, könnt ihr das entweder als Haushälter oder in einem Kloster tun. Haushälter, die dies praktizieren können, sind wie jene Menschen aus dem Osten, deren Geist Gutes erwägt. Diejenigen im Kloster, die dies nicht kultivieren, sind wie jene Menschen aus dem Westen, deren Geist Übles erwägt. Es geht nur darum, dass der Geist rein sein soll, dann entsteht das Westliche Paradies der Selbst-Natur.“

Präfekt Wei fragte weiter: „Wie können Haushälter diese Praxis kultivieren? Ich hoffe, Ihr könnt es uns lehren.“ Der Meister antwortete: „Ich werde ein formloses Gedicht für diese große Versammlung rezitieren. Übt einfach demgemäß, als wärt ihr ständig mit mir zusammen. Wenn ihr dies nicht tut, was hätte es für einen Nutzen, das Zuhause zu verlassen und sich der Tonsur zu unterziehen?

Das Gedicht lautet:

Wo der Geist doch universell derselbe ist –
was soll man sich um das Einhalten der Gebote bemühen?
Wo die Praxis doch geradlinig ist –
welchen Nutzen hat es da, *dhyâna* zu kultivieren?
Dankbarkeit zeigt sich beim loyalen Unterstützen der Eltern,
Gerechtigkeit darin, mit Oberen und Niederen zu empfinden.

Entgegenkommen zwischen Höheren und Niederen
gebiert Wohlwollen.
Nachsicht ist, die zahllosen Bösartigkeiten nicht zu billigen.
Wenn einer durch Stöckereiben Feuer machen kann,
wird auch die rote Lotusblüte (das Buddha-Land)
gewiss aus Schlamm (Befleckungen) erstehen.

Was dem Mund bitter ist, gilt als gute Medizin.
Was die Ohren beleidigt, kann guter Rat sein.
Wenn einer seine Fehler berichtigt,
wird er Weisheit gewinnen.
Defizite im eigenen Geist zu verteidigen ist unvernünftig.

In seinen Alltagshandlungen soll man stets
Wohltaten unter anderen verbreiten.
Erleuchtung zu erlangen hängt nicht von Geldspenden ab.
Bodhi kann nur im eigenen Geist gefunden werden.
Warum sich mühen, Geheimnisvolles im Äußeren zu suchen?

Wenn ihr diese Erläuterung hört und demgemäß übt,
ist das Westliche Paradies genau vor eurer Nase.“

Der Meister sprach weiter: „Liebe Freunde, ihr solltet alle wie in dem Gedicht erläutert praktizieren. Erkennt eure eigene Natur und verwirklicht unmittelbar die Erleuchtung zur Buddhaschaft! Ich muss nun aufbrechen, und auch ihr solltet euch zerstreuen. Ich kehre nach Caoqi zurück. Wenn irgendjemand hier Zweifel hegt, soll er mich aufsuchen und befragen.“

Zu dieser Zeit erlangten der Präfekt, die Regierungsbeamten und alle guten Männer und gläubigen Frauen in der Versammlung Erleuchtung. Sie akzeptierten Huinengs Lehre aus Überzeugung und setzten sie in die Tat um.

IV. Meditation und Weisheit

Der Meister sprach zur Versammlung: „Liebe Freunde! Unsere Lehre hat Meditation und Weisheit zur Grundlage. Behauptet nicht in eurer Verwirrung, dass beide verschieden seien.

Meditation und Weisheit sind von einer Essenz und nicht verschieden. Meditation ist die Essenz von Weisheit, und Weisheit ist die Wirkung von Meditation. Zur Zeit von Weisheit existiert Meditation in dieser Weisheit, zur Zeit von Meditation existiert Weisheit in dieser Meditation. Versteht diese Doktrin vom gleichgestellten Studium von Meditation und Weisheit. Ihr, die ihr den Weg studiert, dürft nicht behaupten, sie seien verschieden, oder dass zuerst die Meditation käme und Weisheit erzeuge oder umgekehrt. Wenn ihr es so seht, dann hätte der Dharma zwei Eigenschaften. Es wäre, als würdet ihr etwas Gutes mit eurem Mund sagen, aber etwas Ungutes in eurem Geist haben. Es würde bedeuten, Meditation und Weisheit fälschlich als nicht gleichgestellt anzusehen.

Wenn es sowohl im Mund als auch im Geist Gutes gibt und wenn Inneres und Äußeres identisch sind, dann sind auch Meditation und Weisheit identisch. Man sollte von selbst verstehen, dass spirituelle Kultivierung nicht in Argumentation besteht. Wenn ihr darüber streitet, was als erstes und was als zweites erscheint, dann seid ihr wie alle verwirrten Menschen. Von solcherlei Wettbewerb nicht abzulassen bedeutet nur, die Illusion der Selbstheit zu bestärken. So wird man die vier Eigenschaften nicht transzendieren.

Liebe Freunde, wie kann es sein, dass Meditation und Weisheit gleichgestellt sind? Es ist wie mit dem Licht einer Lampe. Wenn die Lampe existiert, ist da Licht; ohne Lampe herrscht Dunkelheit. Die Lampe ist die Essenz des Lichtes, das Licht ist die Funktion der Lampe. Auch wenn sich die Namen unterscheiden, sind sie essentiell identisch. Der Dharma von Meditation und Weisheit ist genauso.

Das *samâdhi* der einen Übung bedeutet, immer den einzigen geradlinigen Geist in allen Handlungen zu praktizieren, ob beim Gehen, Stehen, Sitzen oder Liegen. Das *Vimalakîrti-Sutra* besagt: ‚Der geradlinige Geist ist der Ort der Erleuchtung und das Reine Land.' Erlaubt euren geistigen Übungen keine Verzerrung, sprecht nicht bloß mit dem Mund von Geradlinigkeit. Wenn ihr vom *samâdhi* der einen Übung mit eurem Mund redet, dann werdet ihr den geradlinigen Geist nicht praktizieren. Übt genau diesen direkten Geist und seid ohne Anhaften inmitten all der *dharmas*.

Der getäuschte Mensch hängt an den Eigenschaften der *dharmas* und hält sich am *samâdhi* der einen Übung fest, wobei er bloß behauptet, stets unbeweglich und ohne Anregung des Geistes zu sitzen und dass dies das *samâdhi* der einen Übung wäre. Wenn man es so deutet, gleicht man einem gefühllosen Objekt. So verhindert man eher die Ursachen und Bedingungen für Erleuchtung.

Der eigene Weg muss frei dahinfließen. Wie könnte er zum Stillstand kommen? Wenn der Geist nicht in den *dharmas* verweilt, fließt die eigene Erleuchtung frei. Einen Geist, der hingegen in den *dharmas* verweilt, umschreibt man mit ‚sich selbst behindern'. Wenn man meint, ständig bewegungslos zu sitzen sei alles, dann gleicht man nur Shâriputra, der im Wald meditierte und deshalb von Vimalakîrti gescholten wurde.

Dann gibt es solche, die Meditation als Einblick in den Geist lehren, als Kontemplation der Gemütsruhe, Bewegungslosigkeit und Nichtaktivierung. Diese verwirrten Menschen verstehen nicht, und in ihrem Anhaften geraten sie so durcheinander wie ihr alle hier. Begreift, dass solch oberflächliche Lehren völlig in die Irre gehen.

Liebe Freunde! Die rechte Lehre ist von Grund auf ohne plötzlich und allmählich; nur die menschliche Natur ist schlau oder dämlich. Verwirrte Menschen kultivieren allmählich, während erleuchtete Menschen plötzlich mit der Wahrheit übereinstimmen. Wenn ihr euren eigenen grundlegenden Geist erkennt und eure eigene grundlegende Natur seht, wird es keine solchen Unterscheidungen mehr geben. Plötzlich und allmählich sind also nur provisorische Bezeichnungen.

Seit alters hat diese unsere Lehre zuerst Nicht-Denken als ihre zentrale Doktrin bezeichnet, das Formlose als ihre Essenz und das Nichtverweilen als ihre Grundlage. Das Formlose bedeutet, Formen und Eigenschaften innerhalb ihres eigenen Kontextes zu transzendieren. Nicht-Denken bedeutet, ohne Gedanken inmitten des Denkens zu sein. Nichtverweilen ist das Merkmal unserer ursprünglichen Natur.

In allen Situationen gilt es zu verstehen, dass alles Weltliche leer ist, und nicht an Vergeltung zu denken – ob gut oder böse, schön oder hässlich, Freund oder Feind –, auch in Zeiten von Disputen und Kämpfen.

Innerhalb der kontinuierlichen Gedankenmomente sollte man nicht an das Vergangene denken. Denkt jemand an einen vorherigen Gedanken, an einen gegenwärtigen und an einen zukünftigen, dann werden seine Gedanken ohne Unterlass fortdauern. Dies nennt man ‚gefesselt'. Wenn die eigenen Gedanken nicht in den *dharmas* verweilen, nennt man dies ‚ungefesselt'. Darum wird Nichtverweilen als Grundlage angesehen.

Alle äußeren Formen und Eigenschaften zu transzendieren wird das Formlose genannt. Formen und Eigenschaften transzendieren zu können bedeutet, dass die Essenz der *dharmas* rein ist. Darum wird das Formlose als Essenz angenommen.

Liebe Freunde! Bleibt der eigene Geist innerhalb der Sinnesbereiche unbefleckt, wird dies Nicht-Denken genannt. In den eigenen Gedanken sollte man stets diese Äußerlichkeiten überschreiten und keinen Geist erzeugen, der in Abhängigkeit davon ist. Denkt man nicht an die hundert Dinge, werden Gedanken vollständig ausgelöscht.

Es ist ein großer Irrtum zu glauben, sobald Gedanken getilgt sind, würde einer sterben und an einem anderen Ort wiedergeboren werden. Denkt darüber nach, ihr studiert doch den Weg! Wenn ihr eure eigenen Fehler bezüglich der Bedeutung des Dharma nicht erkennen könnt, wie werdet ihr dann erst andere in die Irre führen? Selbst getäuscht zu sein und dies nicht zu erkennen bedeutet, die buddhistischen Schriften zu verleumden. Darum wird Nicht-Denken als meine zentrale Lehre aufgefasst.

Warum wird Nicht-Denken als meine zentrale Lehre bezeichnet? Wenn ihr euch nur auf mündliche Erklärungen stützt, was die Erkenntnis der eigenen Natur angeht, dann werdet ihr – wie die Getäuschten – Gedanken in Abhängigkeit zu den Sinnesbereichen hegen und falsche Sichtweisen aktivieren. Von da aus werden dann all die Leidenschaften und irriges Denken erzeugt. In der Selbst-Natur jedoch ist kein einziges *dharma*, das wahrgenommen werden könnte. Zu glauben, es gäbe eines, wäre der falsche Ansatz, ja ein Unheil wie jede Leidenschaft und ketzerische Ansicht.

Was wird nun durch ‚nicht' *(wu)* negiert? Welche Art von Ding ist ‚Denken'? ‚Nicht' bedeutet, ohne die Eigenschaft des Dualismus zu sein, ohne den Geist plagender Befleckungen. ‚Denken' heißt, an die grundlegende Natur von Soheit *(bhûtathatâ)* zu denken. Soheit ist die Essenz von Denken, Denken die Wirkung von Soheit. Denken wird in der Selbst-Natur von Soheit aktiviert. Es ist nicht so, dass Augen, Ohren, Nase und Zunge denken könnten, sondern aufgrund der Selbst-Natur der Soheit wurden Gedanken aktiviert. Wäre Soheit nichtexistent, würden Augen und Ohren, Formen und Töne sofort zerstört.

Liebe Freunde! Gedanken werden von der Selbst-Natur der Soheit angeregt. Obwohl die sechs Sinnesorgane Wahrnehmungsfähigkeit besitzen, beflecken sie nicht die Myriaden Reiche. Die wahre Natur ist stets unabhängig ‚selbstmanifestiert'. Darum heißt es im Vimalakîrti-Sutra: ‚Wer fähig ist, die Eigenschaften aller *dharmas* gut zu unterscheiden, verweilt unbeweglich inmitten des ‚Ersten Prinzips' (Nirwana).'"

V. Sitzmeditation (dhyâna)

Der Meister sprach zur Versammlung: „In dieser Lehre von der Sitzmeditation konzentriert man sich nicht prinzipiell auf den Geist oder auf Reinheit; es handelt sich auch nicht um Bewegungslosigkeit. Wenn jemand sich auf den Geist konzentrieren soll, dann ist der beteiligte Geist grundsätzlich falsch. Ihr müsst verstehen, dass der Geist wie ein Trugbild ist, also nichts sich auf ihn konzentrieren kann. Soll jemand sich auf Reinheit konzentrieren, dann gilt doch, dass unsere Natur von Grund auf rein ist und nur durch falsche Gedanken diese Soheit verdeckt wird. Seid also einfach ohne falsche Gedanken, und die Natur ist von selbst rein. Wenn ihr euren Geist so anregt, dass ihr an Reinheit haftet, dann werdet ihr nur das Falsche der Reinheit erzeugen. Das Falsche ist ohne Ort. Es ist die Konzentration, die falsch ist. Reinheit ist ohne Form und ohne Eigenschaften, ihr erfindet diese Eigenschaften der Reinheit selbst und nennt sie eine Errungenschaft der Meditation. Eine solche Sicht verschleiert die eigene grundlegende Natur und lässt einen bloß von der Reinheit gefesselt sein.

Liebe Freunde, wenn ihr Gelassenheit kultiviert, seht dabei nicht richtig und falsch, gut und böse oder die Vergehen und das Unheil der Menschen. Dann habt ihr die Gelassenheit der Selbst-Natur.

Der getäuschte Mensch mag bewegungslos im Körper sein, doch wenn er seinen Mund öffnet, spricht er von richtig und falsch, dem Guten und Bösen, den Stärken und Schwächen bei anderen. So handelt er dem Weg entgegen. Wenn ihr euch auf den Geist oder auf Reinheit konzentriert, dann verdeckt ihr den Weg und die Erleuchtung.

Was also ist Sitzmeditation *(zuochan)?* In dieser Lehre gibt es kein Hindernis. Wenn alles Anhaften an äußere Dinge, alles Aktivieren von Gedanken an Gut und Böse abgeworfen wird, dann heißt dies ‚sitzen' *(zuo)*. Innerlich die Bewegungslosigkeit der Selbst-Natur zu erkennen, also inneren Frieden zu finden, heißt ‚Meditation' *(chan)*.

Was wird nun als meditative Konzentration (oder: Versenkung) *(chanding; dhyâna samâdhi)* bezeichnet? Äußere Merkmale zu transzendieren (d. h. nicht an ihnen zu haften) ist Meditation *(chan; dhyâna)*. Innerlich ungestört zu sein ist Konzentration *(ding; samâdhi)*. Konzentriert sich jemand auf äußerliche Merkmale, ist sein Geist im Innern gestört. Transzendiert er diese äußeren Merkmale, ist sein Geist nicht mehr gestört. Die ursprüngliche Natur ist von selbst rein und konzentriert. Doch wenn man die Sinnesbereiche wahrnimmt und gedanklich bewertet, wird man beunruhigt. Kann man aber die zahllosen Sinnesbereiche wahrnehmen, ohne dass der Geist gestört wird, dann ist dies wahre Konzentration.

Liebe Freunde! Äußere Merkmale zu transzendieren ist ‚Meditation', innerlich ungestört zu sein ist ‚Konzentration'; beides zusammen nennt man meditative Konzentration.

Das „Sutra der Bodhisattva-Gelübde" besagt: ‚Meine grundlegende Selbst-Natur ist rein.' In jedem Gedankenmoment solltet ihr selbst erkennen, dass eure grundlegende Natur rein ist. Ihr solltet selbst kultivieren und praktizieren und so die Erleuchtung der Buddhaschaft erlangen.

VI. Reue

Eines Tages hatten Gelehrte und Bürgerliche aus ganz Guangzhou und Shaozhou sich im Kloster versammelt, um den Dharma zu hören. Da bestieg Großmeister Huineng das Podium und sprach: „Liebe Freunde, euer aller Bedürfnis, hierherzukommen, muss aus eurer Natur herrühren. In jedem Gedankenmoment solltet ihr euren Geist läutern. Kultiviert und praktiziert selbst und erkennt euren eigenen *dharmakâya* und den Buddha in eurem eigenen Geist. Dies gelingt nur, indem ihr durchs eigene Selbst errettet werdet und die Gebote *(shîla)* für euer eigenes Selbst haltet; dann seid ihr nicht umsonst hierhergekommen. Da ihr alle von weit her an diesen Ort gelangt seid, teilen wir dieselbe karmische Verbindung. Lasst uns nun sitzen, ich werde euch zuerst die fünf Düfte des *dharmakâya (panca-dharmakâya)* darbieten, dann die formlose Buße."

Die Versammlung kniete sich aufrecht hin, und der Meister sagte: „Erstens der Duft der Gebote, die bedeuten, keinen Irrtum, kein Böses, keine Eifersucht, keine Gier, keinen Zorn und keine Schädigung im eigenen Geist zu hegen.

Zweitens der Duft der Meditation, die bedeutet, mit unverstörtem Geist auf die Bereiche und Merkmale der verschiedenen Arten von Gut und Böse zu schauen.

Drittens der Duft der Weisheit, die bedeutet, dass der eigene Geist ohne Hindernisse ist, doch stets die Selbst-Natur mit Weisheit erleuchtet und niemals die verschiedenen Arten des Bösen erzeugt. Wenn man die Myriaden guter Taten vollzieht, haftet der eigene Geist nicht daran an. Man ist respektvoll gegenüber Höhergestellten und achtsam gegenüber den Niedriggestellten und erweist Mitempfinden für Arme und Einsame.

Viertens der Duft der Befreiung, die bedeutet, ohne Zweideutigkeit zu sein. Weder ans Gute noch ans Böse denkend, ist man selbständig und ohne Hindernis.

Fünftens der Duft des befreiten Verständnisses durch Wahrnehmung *(jietou zhijian)*, die bedeutet, dass der eigene Geist ohne Doppeldeutigkeit bezüglich Gut und Böse ist. Man darf nicht in der Leere versinken, um die eigene Geistesruhe zu schützen. Man sollte stattdessen ausgiebig studieren und die Schriften kennenlernen, um den eigenen grundlegenden Geist zu erkennen und die verschiedenen Prinzipien des Buddhismus zu begreifen, im Umgang mit anderen zugänglich sein und die Idee von selbst und anderen aufgeben. Schreitet einfach zu *bodhi* voran, dessen wahre Natur unwandelbar ist.

Liebe Freunde, diese Düfte werden jeden von euch innerlich beeinflussen. Sucht nicht außerhalb von euch selbst.

Nun will ich euch die formlose Buße vermachen, damit ihr eure Vergehen in den drei Zeitaltern tilgen und eure drei karmischen Aktivitäten des Körpers, der Rede und des Geistes geläuterter vollziehen könnt.

Ihr solltet mit mir gemeinsam Folgendes nachsprechen: ‚Damit wir in keinem Gedankenmoment – von vergangenen über gegenwärtige bis zu zukünftigen Gedanken – der Befleckung durch Unwissenheit ausgesetzt sind, bereuen wir Schüler all unsere Vergehen aus Unwissenheit und all unsere üblen Taten in der Vergangenheit. Wir bitten eindringlich, dass diese unverzüglich ausgelöscht werden und nie wieder erstehen mögen.

Damit wir in keinem Gedankenmoment – von vergangenen über gegenwärtige bis zu zukünftigen Gedanken – der Befleckung durch Arroganz und Arglist anheimfallen, bereuen wir Schüler alle Vergehen aus Arroganz und Arglist und all unsere üblen Taten in der Vergangenheit. Wir bitten eindringlich, dass diese unverzüglich ausgelöscht werden und nie wieder erstehen mögen.

Damit wir in keinem Gedankenmoment – von vergangenen über gegenwärtige bis zu zukünftigen Gedanken – der Befleckung durch Neid und Eifersucht anheimfallen, bereuen wir Schüler alle Vergehen aus Neid und Eifersucht und all unsere üblen Taten in der Vergangenheit. Wir bitten eindringlich, dass diese unverzüglich ausgelöscht werden und nie wieder erstehen mögen.‘

Liebe Freunde, dies ist die formlose Buße. Was wird hier ‚Buße‘ *(chan)* genannt, was ‚Reue‘ *(hui)?* Buße bedeutet, vergangene Liederlichkeit zu bereuen. Man sollte vollständig alle üblen Taten aus der Vergangenheit bereuen, ob sie aufgrund von Unwissenheit, Stolz, Arglist, Eifersucht usw. geschahen, und bitten, dass sie nie mehr geschehen mögen. Dies nennt man ‚Buße‘. Reue bedeutet, auch zukünftige Irrtümer zu bereuen, die von nun an eintreten könnten. Da ihr jetzt erleuchtet wurdet, sind all eure üblen Taten aus der Vergangenheit, die Vergehen aus Unwissenheit, Arglist, Eifersucht usw. für immer getilgt, um nie wieder zu geschehen. Dies nennt man ‚Reue‘. Darum spricht man von ‚Buße und Reue‘ *(chanhui).*

Gewöhnliche Menschen sind einfältig und verstehen nur, dass sie für ihre vergangene Zügellosigkeit Buße tun sollten; doch dass es auch Reue für zukünftige Fehler gibt, ist ihnen nicht bekannt. Weil es ihnen an solcher Reue fehlt, wird ihre frühere Zügellosigkeit nicht getilgt, und in der Zukunft werden weitere Fehler erzeugt. Wie könnte man dies Buße nennen?

Liebe Freunde, da wir nun Buße getan haben, werde ich euch die vier großen Gelübde erläutern. Bitte hört gut zu!

Die fühlenden Wesen in unserem eigenen Geist sind zahllos, und wir geloben, sie alle zu erretten. Die Befleckungen in unserem eigenen Geist sind zahllos, und wir geloben, sie alle auszulöschen. Die Lehren in unserem eigenen Geist sind zahllos, und wir geloben, sie alle zu begreifen. Die Erleuchtung der Buddhaschaft in unserem eigenen Geist ist unübertrefflich, und wir geloben, sie zu erlangen.

Warum sagen wir nicht einfach: ‚Fühlende Wesen sind zahllos, und wir geloben, sie alle zu erretten‘? Wie sollten wir es ausdrücken? Gewiss bin nicht ich es, der das Erretten bewerkstelligt. Die ‚fühlenden Wesen in unserem Geist‘ sind die geistigen Zustände von Täuschung, Verwirrung, Nicht-Gutem *(bushan),* Eifersucht und Bösem. All diese sind fühlende Wesen, und sie müssen allesamt die unwillkürliche Errettung (Befreiung) durch die Selbst-Natur erleben. Dies nennt man wahre Errettung.

Was ist die ‚unwillkürliche Errettung durch die Selbst-Natur'? Sie bedeutet, rechte Ansichten zur Rettung jener fühlenden Wesen zu nutzen, die falsche Ansichten, Befleckungen und Unwissenheit in ihrem Geist hegen. Mit rechten Ansichten können wir die Weisheit von *prajnâ* nutzen, um die Dummheit und Illusion der fühlenden Wesen zu vernichten, wodurch wir unwillkürlich jeden von ihnen erretten. Wenn das Falsche auftaucht, wird es vom Rechten gerettet. Wenn Täuschung erscheint, wird sie durch Erleuchtung erlöst. Unwissenheit wird durch Weisheit, Böses durch Gutes errettet. Solches Erretten ist wahres Erlösen.

Beim Gelübde ‚die Befleckungen sind zahllos, und wir geloben, sie alle auszulöschen', nutzt man die *prajnâ*-Weisheit der Selbst-Natur, um dumme und täuschende Gedanken zu tilgen. Bezüglich ‚die Lehren sind unerschöpflich, und wir geloben, sie alle zu begreifen' sollte man selbst die Natur erkennen und stets den rechten Dharma praktizieren. Dies wird wahres Lernen genannt. Im Hinblick auf ‚die Erleuchtung der Buddhaschaft ist unübertrefflich, und wir geloben, sie zu erlangen' sollte man ständig in der Lage sein, das Wahre und Rechte mit demütigem Geist zu üben und Täuschung und Erleuchtung überschreitend *prajnâ* zu erzeugen. Das Wahre und das Falsche ausmerzend, erkennt man so die Buddha-Natur. Dies bedeutet, die Erleuchtung der Buddhaschaft beim Hören dieser Worte zu verwirklichen. Stets aufmerksam auf die eigene Kultivierung achtend, wird unseren Gelübden Kraft verliehen.

Wir haben nun die vier großen Gelübde behandelt. Als nächstes will ich euch die formlosen Gelübde der dreifachen Zuflucht geben. Liebe Freunde! Nehmt Zuflucht zum Zweibeinigen Geehrten der Erleuchtung! Nehmt Zuflucht zum Geehrten des Rechten Überschreitens der Begierde! Nehmt Zuflucht zum Geehrten in der Reinen Versammlung! Von heute an wendet euch an den Erleuchteten als euren Lehrer, nicht mehr an den häretischen Pfad falscher Dämonen. Verwirklicht es ständig selbst, indem ihr die drei Schätze der Selbst-Natur anwendet.

Ich ermahne euch, Zuflucht zu den drei Schätzen der Selbst-Natur zu nehmen. Das Wort ‚Buddha' bedeutet Erleuchtung. ‚Dharma' heißt recht. ‚Sangha' meint rein.

Nehmt in eurem eigenen Geist Zuflucht zur Erleuchtung, damit das Verwirrte und Falsche nicht erzeugt wird. Begreift, wie angemessen verringerte Begierden sind, und überschreitet Reichtum und sinnliche Freuden. Dies nennt man ‚der Zweibeinige Geehrte der Erleuchtung'.

Nehmt in eurem eigenen Geist Zuflucht zum Rechten, seid in jedem Gedankenmoment ohne falsche Ansichten, dann gibt es auch kein Selbst, das stolz, lustbetont oder anhaftend sein könnte. Dies nennt man ‚der Geehrte des Rechten Überschreitens der Begierde'.

Nehmt in eurem eigenen Geist Zuflucht zur Reinheit, indem ihr erkennt, dass eure Selbst-Natur völlig unabhängig und unbefleckt von all den Bereichen befleckter Mühen und Begierden ist. Dies nennt man ‚der Geehrte in der Reinen Versammlung'.

Wenn ihr diese Übung kultiviert, bedeutet dies, dass ihr zu euch selbst Zuflucht nehmt. Gewöhnliche Menschen verstehen nicht und praktizieren von morgens bis abends die drei Zufluchten so, dass sie zum Beispiel sagen, sie nähmen Zuflucht zum Buddha. Wo ist denn dieser Buddha? Wenn ihr ihn nicht erkennt, wie soll eure Bitte um Zuflucht ihn dann erreichen? Solche Worte können nur falsche Gedanken hervorbringen.

Ihr solltet dies jeder für sich untersuchen. Täuscht euch nicht darin! Das Avatamsaka-Sutra sagt klar, dass man zum Buddha

Zuflucht nehmen soll – aber nicht in irgendeinem ‚fremden Buddha' *(tafo)*, der sich von einem selbst unterscheidet. Wenn ihr nicht im ‚Selbst-Buddha' Zuflucht sucht, werdet ihr überhaupt keinen Ort der Zuflucht haben. Heute steht ihr vor eurer eigenen Erleuchtung, und jeder von euch sollte Zuflucht zu den drei Schätzen seines eigenen Geistes nehmen. Innerlich solltet ihr im Einklang mit eurer Geist-Natur sein, äußerlich anderen Menschen Respekt zollen. Dies bedeutet, Selbst-Zuflucht *(zi gueiyi)* zu nehmen.

Liebe Freunde! Nun, da wir Zuflucht zu den drei Schätzen genommen haben, solltet ihr euch alle konzentrieren, denn ich möchte euch Folgendes erklären: den Buddha der Selbst-Natur der einen Essenz und der drei Körper. Ich werde euch die drei Körper sehen und euch vollständig zur Selbst-Natur erwachen lassen. Bitte sprecht mir alle nach:

‚In meinem Formen-Körper nehme ich Zuflucht zum reinen *dharmakâya*-Buddha. In meinem Formen-Körper nehme ich Zuflucht zum vollkommenen *sambhogakâya*[16]-Buddha. In meinem Formen-Körper nehme ich Zuflucht zu den unzähligen *nirmânakâya*[17]-Buddhas.'

Der physische (Formen-)Körper ist ein Haus, aber ihr könnt nicht zu ihm Zuflucht nehmen. Die drei gerade erwähnten Körper des Buddha existieren innerhalb der Selbst-Natur, und alle Menschen dieser Welt haben sie. Nur weil einer bezüglich seines eigenen Geistes getäuscht ist, erkennt er die innere Natur nicht, sondern sucht außerhalb nach dem Tathâgata der drei Körper. So einer sieht nicht, dass die drei Körper des Buddha innerhalb des eigenen existieren. Ihr solltet alle dieser Erläuterung lauschen, ich werde euch die drei Körper des Buddha sehen lassen, die innerhalb der Selbst-Natur in eurem eigenen

---

[16] Freudenkörper, eine Emanation des *dharmakâya*; eine Art feinstoffliche Erscheinung von Buddhas vor allem zugunsten Bodhisattvas.

[17] Manifestationskörper auf der Ebene der Wahrnehmung gewöhnlicher Menschen in Raum und Zeit; erleuchtete Lehrer, die aufgrund allumfassenden Mitgefühls erscheinen.

Körper existieren. Diese drei Körper des Buddha werden von der Selbst-Natur erzeugt, sie werden nicht durch irgendeine äußere Quelle erlangt.

Was ist der reine *dharmakâya*-Buddha? Die Selbst-Natur der Menschen in dieser Welt ist grundlegend rein. Die Myriaden *dharmas* werden von der Selbst-Natur erzeugt. An alle möglichen schlechten Dinge zu denken bedeutet, schlechte Praxis zu erzeugen; an alle guten Dinge zu denken heißt, gute Praxis zu schaffen. Die *dharmas* treten also innerhalb der Selbst-Natur auf. Der Himmel ist stets klar, Sonne und Mond strahlen; doch auch ein strahlender Himmel kann von dahinziehenden Wolken bedeckt sein, bis plötzlich ein Wind aufkommt und die Wolken davonbläst, so dass oben und unten gemeinsam erstrahlen und Myriaden Formen sichtbar werden. Die Natur der Menschen in dieser Welt ist ständig im Fluss, wie die Wolken am Himmel.

Scharfsinn ist wie die Sonne, und Weisheit wie der Mond. Scharfsinn und Weisheit sind stets strahlend, doch infolge des Anhaftens am Äußeren der Sinnesbereiche behindern und verdunkeln dahinziehende Wolken falscher Gedanken die Selbst-Natur. Wenn ihr auf einen spirituellen Freund trefft und dem wahren und rechten Dharma lauscht, könnt ihr das Verwirrte und Falsche in euch ausmerzen, so dass Inneres und Äußeres von einem Leuchten durchdrungen und die Myriaden *dharmas* innerhalb der Selbst-Natur manifest werden. Wer die Natur sieht, ist so wie beschrieben. Dies nennt man den reinen *dharmakâya*-Buddha.

Liebe Freunde! Nehmt Zuflucht zur Selbst-Natur in eurem eigenen Geist. Dies bedeutet, zum wahren Buddha Zuflucht zu nehmen. Selbst-Zuflucht zu nehmen heißt, alle unheilsamen Zustände des Geistes auszulöschen: Eifersucht, Verdrehungen, Selbstsucht, Illusionen, den mangelnden Respekt vor anderen, Arglist, falsche Ansichten, Stolz und die unheilsame Praxis aller Zeitalter, die jederzeit in der Selbst-Natur entstehen können. Es bedeutet, stets die eigenen Fehler zu erkennen und sich nicht darin zu ergehen, über die guten und schlechten Merkmale von anderen zu reden. Dies ist Selbst-Zuflucht. Man sollte stets demütig sein und allen gegenüber Respekt praktizieren, so dass man durchdringend und ohne jedes Hindernis die eigene Natur erkennen kann. Dies bedeutet Selbst-Zuflucht.

Was ist der vollkommene *samhogakâya?* So wie eine einzige Lampe tausend Jahre Dunkelheit beenden kann, so kann ein einziger Gedankenmoment an Weisheit zehntausend Jahre Dummheit tilgen. Denkt nicht an eure früheren Irrtümer, und auch nicht dauernd an das, was später geschehen könnte. Mit jedem vollkommenen und leuchtenden Gedankenmoment erkennt eure eigene grundlegende Natur. Obwohl Gut und Böse verschieden sind, ist ihre grundlegende Natur nicht-dualistisch. Die nicht-dualistische Natur wird die wahre Natur genannt. Von Gut und Böse innerhalb der wahren Natur unbeschmutzt zu sein – dies nennt man den vollkommenen *samboghakâya.*

Wenn ein einziger böser Gedanke in der Selbst-Natur angeregt wird, wird er zehntausend Äonen guter Ursachen vernichten. Wenn ein einziger guter Gedanke in der Selbst-Natur angeregt wird, wird man das Auslöschen allen Übels, das so zahlreich wie die Sandkörner des Ganges ist, vollbringen. Direkt zum unübertrefflichen *bodhi* voranzuschreiten und auf natürliche Weise in jedem Gedankenmoment den grundlegenden Gedanken (an die Selbst-Natur) nicht zu verlieren – dies wird *sam-boghakâya* genannt.

Was sind die zahllosen *nirmânakâya?* Wenn ihr nicht an die Myriaden *dharmas* denkt, dann ist die Natur von Grund auf wie das All oder die Leere. Ein einziger Gedankenmoment wird als eine Verwandlung bezeichnet. An Böses zu denken bedeutet die Verwandlung in Höllen, an Gutes zu denken die Verwandlung in Himmel. Hetze und Schmähung werden zu Drachen und Schlangen verwandelt, Mitempfinden in Bodhisattvas. Weisheit wird in die oberen Bereiche verwandelt, Dummheit in die niederen Regionen. Die Verwandlungen der Selbst-Natur sind äußerst zahlreich. Ein verwirrter Mensch kann dies nicht verstehen, aktiviert in jedem Gedankenmoment Übles und praktiziert ständig die Wege des Bösen. Doch wenn er einen einzigen Gedanken ans Gute hegt, wird Weisheit erzeugt. Dies wird der *nirmânakâya*-Buddha der Selbst-Natur genannt.

Liebe Freunde, der *dharmakâya*-Buddha ist von Grund auf in uns allen immanent. Wenn ihr selbst in jedem Gedankenmoment die Selbst-Natur seht, ist dies der *sambhogakâya*-Buddha. Die Gedanken, die vom *sambhogakâya*-Buddha ausgehen, sind der *nirmânakâya*-Buddha. Selbst erleuchtet zu werden und die Verdienste der Selbst-Natur selbst zu kultivieren – dies ist wahres Zufluchtnehmen.

Die eigene Haut und das eigene Fleisch bilden den physischen Körper, und dieser ist ein Haus; doch Zuflucht nehmen könnt ihr zu ihm nicht. Seid einfach in den drei Körpern der Selbst-Natur erleuchtet, dann wird dies zur Erkenntnis des Buddhas der Selbst-Natur. Ich habe ein formloses Gedicht verfasst; wenn ihr es rezitieren könnt, wird es euch befähigen, beim Hören dieser Worte in einem einzigen Augenblick die Täuschungen und Vergehen von zahllosen Äonen wegzuschmelzen. Das Gedicht lautet:

Getäuschte Menschen kultivieren Segnungen
  und nicht den rechten Pfad,
halten aber ihre Art des Kultivierens für den Weg.
Die Segnungen infolge von Spenden und Opfergaben
  mögen unbegrenzt sein,
doch sind im Geist bereits die drei Gifte erzeugt.

Beim Versuch, Segnungen zu kultivieren, und im Wunsch,
ihre Vergehen auszulöschen,
mögen sie in späteren Leben Wohlwollen erfahren,
doch ihre Vergehen werden noch immer existieren.
Sie sollten einfach die Bedingungen für diese Vergehen
im Geist ausmerzen.
Dies wird wahre Buße innerhalb der Selbst-Natur genannt.

Plötzlich erwacht zur wahren Überschreitung des Mahâyâna,
das Falsche tilgend und das Rechte praktizierend,
sind sie ohne Vergehen.
Den Weg zu studieren heißt,
stets die Selbst-Natur zu kontemplieren
und so mit allen Buddhas identisch zu sein.

Unsere Patriarchen haben nur
diese plötzliche Lehre übertragen.
Ihr solltet alle geloben, die Natur zu erkennen
und mit den Patriarchen übereinzustimmen.
Wenn ihr den *dharmakâya* in Zukunft sehen wollt,
überschreitet die Merkmale der *dharmas*
und spült sie aus eurem Geist.

Strengt euch an, selbst zu erkennen, habt Mut!
Später werdet ihr in einem einzigen Gedankenmoment
eure Gedanken abtrennen und so für immer beenden.
Wenn ihr zum Mahâyâna erwachen
und die Natur erkennen wollt,
legt eure Handflächen zum *anjalimudra* aneinander
und sucht diese Natur mit äußerster Ernsthaftigkeit.“

Der Meister ergänzte: „Liebe Freunde! Bitte rezitiert diese Verse. Wenn ihr entsprechend praktiziert, werdet ihr die Natur dank des Hörens dieser Worte erkennen. Obgleich ihr euch tausend *li* weit weg von mir befinden möget, wird es so sein, als wäret ihr ständig an meiner Seite. Solltet ihr durch diese Worte nicht erwachen, wieso habt ihr dann den langen Weg auf euch genommen, um mich zu treffen? Achtet nun gut auf euch!“

Jeder aus der Versammlung, der diese Lehre vernommen hatte, erlangte Erleuchtung und widmete sich freudig dieser Praxis.

Nachdem er den Dharma in Huangmei erlangt hatte, kehrte Huineng ins Dorf Caohou in der Präfektur Shaozhou zurück, wo ihn keiner kannte.

Dort lebte ein konfuzianischer Gelehrter namens Liu Zhilue, dessen Schicklichkeit in den Riten tiefgründig war. Zhilue hatte eine Nonne mit Namen Wujin Zang („Unerschöpflicher Schatz") zur Tante, die fortwährend das Große Nirwana-Sutra rezitierte. Als Huineng es hörte, verstand er dessen wundersame Bedeutung und legte sie der Tante dar. Die Nonne, die den Text in Händen hielt, erkundigte sich nach einem Wort, und der Meister erklärte: „Ich kann zwar nicht lesen, aber du kannst mich nach der Bedeutung fragen." Die Nonne sagte: „Wenn du die Worte nicht liest, wie kannst du sie da verstehen?" Der Meister erwiderte: „Das wundersame Prinzip der Buddhas hat nichts zu tun mit Worten." Die Nonne berichtete erstaunt den Dorfältesten hiervon: „Dieser Mann ist im Besitz des Weges. Es stünde euch gut an, ihm Opfergaben darzubringen."

Mit den Dorfbewohnern zusammen bemühte sich Cao Shuliang, Nachfahre eines Kriegsfürsten der Wei-Dynastie, dem Meister zu dienen. Zu jener Zeit war das alte Baolin-Kloster zerstört, da Soldaten es am Ende der Sui-Dynastie niedergebrannt hatten. Ein neues Kloster wurde auf der Grundlage des alten errichtet. Man lud Huineng ein, dort zu verweilen, und er verwandelte es sogleich zu einer Heimstätte für den Schatz der Lehre. Er blieb dort neun Monate lang, bis er wiederum von einer wütenden Horde angegriffen wurde. Huineng floh in die nahe gelegenen Berge, doch die Horde setzte den Wald in Brand, um ihn herauszuzwingen. Der Meister versteckte sich in den Felsen, die nun die Zeichen seiner Knie und die Form seiner Robe an der Stelle aufweisen, wo er in Lotushaltung saß. Aus diesem Grund spricht man vom „Fluchtfelsen". Huineng erinnerte sich an die Weissagung des Fünften Patriarchen, dass er sich verstecken solle, sobald ihm Sympathie oder eine Gruppe begegneten, und er verbarg sich in zwei kleinen Dörfern.

Der Mönch Fahai stammte aus Qujiang in der Präfektur Shaozhou. Bei seiner ersten Begegnung mit dem Patriarchen sagte er: „Der Geist ist Buddha. Bitte erläutert mir dies.“ Der Meister sagte: „Wird der vorangehende Gedanke nicht erzeugt, ist das Geist; wird der nachfolgende Gedanke nicht erzeugt, ist das Buddha. Was alle Eigenschaften erschafft, ist Geist; was alle Eigenschaften überschreitet, ist Buddha. Wollte ich dies vollständig erläutern, wäre ich in einem Äon nicht fertig. Hör dir stattdessen meine Verse an:

Bezüglich des Geistes wird es Weisheit genannt.
Bezüglich Buddha nennt man es Versenkung.
Wenn Versenkung und Weisheit
gleichermaßen aufrechterhalten werden,
ist alles im Bewusstsein rein.

Erwachst du zu dieser Lehre,
dann durch die Kultivierung deiner Natur.
Da die Wirkung von Versenkung letztlich unerschaffen ist,
hält unsere Lehre die Praxis sowohl
von Weisheit als auch Versenkung für recht.“

Bei diesen Worten erfuhr Fahai eine große Erleuchtung und formulierte seinen Lobpreis so:

„Der Geist ist ursprünglich Buddha.
Dies nicht zu erkennen bedeutet, sich zu erniedrigen.
Ich verstehe die Ursache von Versenkung und Weisheit.
Durch deren zweifache Praxis überschreitet man alle Dinge.“

Der Mönch Fada stammte aus Hongzhou. Er verließ sein Zuhause im Alter von sieben Jahren und rezitierte fortan beständig das Lotus-Sutra. Er machte Huineng seine Aufwartung, ohne jedoch mit der Stirn den Boden zu berühren. Der Meister tadelte ihn: „Sich zu verbeugen, ohne den Boden zu berühren, muss als ungehörig gelten. Du musst etwas auf dem Herzen haben. Wie sieht deine alltägliche Praxis aus?" Fada antwortete: „Ich habe dreitausend Mal das Lotus-Sutra rezitiert." Der Meister sagte: „Selbst wenn du dies zehntausend Mal tust, wirst du dadurch nicht die Bedeutung dieser Schrift verstehen. Du solltest mit mir praktizieren. Du machst da eine Anstrengung, ohne zu erkennen, wie falsch diese ist. Hör dir meine Verse an:

Ehrbezeugung dient dazu, Arroganz zu zügeln,
wie könnte da der eigene Kopf nicht den Boden berühren?
Mit der Illusion des Egos werden Überschreitungen erzeugt,
doch wenn alles Verdienst vergessen ist,
  sind die Segnungen unermesslich."

Der Meister sagte auch: „Was ist dein Name?" Der Mönch antwortete: „Fada." Der Meister sagte: „Du wirst Fada (‚Dharma-Durchdringung') genannt, doch wann hast du je den Dharma durchdrungen?" Dann sprach er weitere Verse:

„Dein Name ist jetzt Fada.
Du hast fleißig ohne Unterlass das Lotus-Sutra rezitiert.
Doch es war vergeblich, du hast nur Geräusche erzeugt.
Es ist der weise Geist, den man Bodhisattva nennt.

Da du nun mit mir verbunden bist,
will ich dir den Dharma erläutern:
Vertraue einfach darauf, dass der Buddha schwieg,
und dass nur Lotusblumen aus seinem Mund heraustraten."

Nachdem Fada dies gehört hatte, sagte er dankbar: „Von nun an werde ich allen gegenüber ehrerbietig sein. Euer Schüler hat das Lotus-Sutra ohne Verständnis seiner Bedeutung rezitiert und in seinem Geist stets Zweifel gehegt. Eure Weisheit ist weitreichend, würdet Ihr mir also bitte kurz das Sutra erläutern?“

Der Meister antwortete: „Fada, der Dharma ist tief durchdringend, doch dein Geist hat ihn noch nicht erfasst. Das Sutra ist ursprünglich ohne Zweifel, nur dein Geist hegt diese. Wenn du dieses Sutra rezitierst, was ist da seine wesentliche Lehre?“

Fada sagte: „Ich bin von einfältigem Gemüt und habe mich stets aufs Rezitieren des Textes verlassen. Wie könnte ich sein zentrales Anliegen verstehen?“

Der Meister erwiderte: „Ich kann keine Worte lesen, rezitiere du aber mal das Sutra für mich und ich werde es dir erläutern.“

Fada rezitierte daraufhin laut das Sutra. Als er zum „Kapitel über Gleichnisse“ kam, sagte der Meister: „Halt! Die zentrale Lehre dieses Sutras handelt von Ursachen und Bedingungen der Erscheinung von Buddhas in der Welt. Es kann keine Gleichnisse geben, die dies übertreffen.

Was sind die Ursachen und Bedingungen? Das Sutra sagt: ‚Die Buddhas und Weltgeehrten erscheinen in der Welt nur dank der Ursachen und Bedingungen der einen großen Angelegenheit.‘ Die eine große Angelegenheit ist die durchdringende Kraft der Buddha-Weisheit. Die Menschen dieser Welt haften irrigerweise äußerlich an Eigenschaften und innerlich an Leere. Ist jemand in der Lage, nicht an Objekten zu haften, wenn er mit ihnen in Kontakt kommt, und die falsche Sicht der Auslöschung in der Doktrin der Leere abzulegen, dann wird er äußerlich wie innerlich nicht mehr getäuscht sein. Wer dies versteht, wird in einem Augenblick erleuchtet und erlangt die durchdringende Kraft der Buddha-Weisheit.

Buddha bedeutet Erleuchtung. Dies heißt viererlei: die durchdringende Kraft der Buddha-Weisheit zu erkennen, zu erweisen, dazu zu erwachen und in ihr tief verwurzelt zu sein. Sollten wir nach Unterweisung in der Lage sein, die Lehre von der Buddha-Weisheit gründlich zu verstehen, dann wird die innewohnende Qualität unserer wahren Natur, also die Buddha-Weisheit, Gelegenheit bekommen, sich zu manifestieren. Man sollte den Text nicht so missverstehen, dass Buddha-Weisheit nur Buddhas eigen sei und nicht uns allen. So spricht das Sutra von ‚die Augen für die Sicht der Buddha-Weisheit öffnen, die Sicht der Buddha-Weisheit erweisen' usw. Ein solches Missverständnis käme einer Verleumdung Buddhas und des Sutras gleich. Da er ein Buddha ist, besitzt er bereits diese Buddha-Weisheit, es gibt keine Gelegenheit für ihn, seine Augen dafür zu öffnen. Du solltest daher akzeptieren, dass Buddha-Weisheit die Buddha-Weisheit deines eigenen Geistes ist und nicht die irgendeines anderen Buddhas.

‚Von Sinnesobjekten übersättigt verschließen sich fühlende Wesen ihrem eigenen Licht; gequält von äußeren Umständen und innerem Verdruss handeln sie freiwillig wie Sklaven ihrer eigenen Begierden.' Bei ihrem Anblick musste Buddha aus seiner Versenkung heraustreten, um sie mit ernsten Lehrreden dazu anzuhalten, ihre Begierden zu zähmen und nicht länger Glück in Äußerlichkeiten zu suchen, damit sie ihm gleich werden konnten. Darum spricht das Sutra davon, ‚die Augen für die Sicht der Buddha-Weisheit zu öffnen' usw. Auch ich rate den Menschen ständig, ihre Augen für die Buddha-Weisheit in ihrem Geist zu öffnen. Doch sie begehen mit ihren verkommenen Gemütern, in Verblendung und Unwissenheit, Übeltaten; sind ihre Worte auch freundlich, so sind ihre Gedanken doch verdreht, sie erscheinen gierig, bösartig, eifersüchtig, verdorben, schmeichelhaft, egozentrisch und aggressiv gegenüber Menschen sowie destruktiv gegenüber Dingen. Ihre Augen sind nur für das Verständnis des gemeinen Menschen geöffnet. Sollten sie aber ihr Herz neu ausrichten, so dass fortwährend Weisheit entstehen kann, dann wird ihr Geist einer Innenschau unterliegen und Übles durch Gutestun ersetzt. So würden sie sich in die Buddha-Weisheit einführen. Darum solltest du deine Augen stets für die Buddha-Weisheit öffnen, die überweltlich ist, wohingegen das Verständnis des gemeinen Menschen von dieser Welt stammt. Meinst du aber, dass bloßes Rezitieren als tägliche Übung genüge, dann bist du wie das Yak, das in seinen eigenen Schwanz verliebt ist."

Fada sagte: „Wenn das so ist, sollte man also nur die Bedeutung erfassen und sich nicht mit dem Rezitieren von Sutras abgeben?"

Der Meister erwiderte: „Können die Sutras sich täuschen? Wie könnten sie deine Achtsamkeit behindern? Täuschung und Erleuchtung befinden sich in der Person, und so hängen auch Schaden und Nutzen von einem selbst ab. Mit dem Mund zu rezitieren und im Geist zu praktizieren bedeutet, das Sutra zu wenden. Mit dem Mund zu rezitieren, ohne im Geist zu praktizieren, bedeutet, vom Sutra gewendet zu werden. Hierzu hör dir meine Verse an:

Getäuscht im Geist, wird man vom Lotus-Sutra gewendet.
Erleuchtet im Geist, wendet man das Lotus-Sutra.
Das Sutra zu rezitieren, ohne es je zu verstehen,
bedeutet zum Feind seiner Bedeutung zu werden.

Sei ohne Gedanken, und deine Gedanken werden recht.
Sei mit Gedanken, und deine Gedanken werden falsch.
Wenn man weder mit noch ohne bedenkt,
wird man stets den Karren des weißen Ochsen[18] steuern."

Als er dies hörte, vergoss Fada unabsichtlich Tränen des Mitempfindens und erfuhr eine große Erleuchtung. Er sprach: „Bis heute habe ich so lange tatsächlich nie das Lotus-Sutra gewendet, sondern wurde von ihm gewendet. Im Sutra heißt es: ‚Ob-

---

[18] Das höchste Buddha-Fahrzeug; Zitat aus dem Lotus-Sutra.

wohl sie darüber nachsinnen und es für möglich halten, können die großen *shrâvaka* und Bodhisattvas die Weisheit Buddhas nicht erfassen.‘ Nun sagt Ihr aber, dass gewöhnliche Menschen zu ihrem eigenen Geist erwachen und so die Sicht der Buddha-Weisheit erlangen können. Ich befürchte, dass außer denen mit überragenden Fähigkeiten andere dies anzweifeln werden. Die Sutras sprechen doch von drei Karren, denen der Ziegen (das Fahrzeug der *shrâvaka*), der Hirsche (das Fahrzeug der *pratyeka*-Buddhas) und der Ochsen (das Fahrzeug der Bodhisattvas). Wie unterscheidet sich davon der Karren des weißen Ochsen? Ich bitte Euch um eine weitere Erklärung.“

Der Meister sagte: „Die Bedeutung der Sutras ist klar, du bist es, der missversteht. Der Fehler der Anhänger der drei Fahrzeuge, die nicht in der Lage sind, die Weisheit Buddhas zu erfassen, liegt in ihren Erwägungen; indem sie alles so weit wie möglich aufzudröseln versuchen, geraten sie immer weiter von der Wahrheit ab. Der Buddha predigte dieses Prinzip einst gewöhnlichen Menschen, nicht Buddhas. Wer es nicht glauben konnte, verließ die Versammlung. So einer war sich nicht bewusst, dass er im weißen Ochsenkarren saß, sondern suchte außerhalb nach den drei Karren. Könnte das Sutra es dir noch klarer sagen als so: ‚Es gibt nur ein Buddha-Fahrzeug und kein weiteres‘? Ob es nun zwei, drei oder unendlich viele unbegrenzte Mittel gibt, zahllose Geschichten, Metaphern und Aussprüche – diese Lehren bilden alle das eine Buddha-Fahrzeug. Wie könntest du das nicht verstehen? Die drei Karren sind behelfsmäßig und wurden aufgrund der Vergangenheit gelehrt. Das Eine Fahrzeug ist wahrhaftig und wurde aufgrund der Gegenwart gelehrt. Ich lehre nur, dass du das Behelfsmäßige verwerfen und dich dem Wahren zuwenden solltest. Danach wird auch das Wahre keinen Namen haben. Du solltest verstehen, dass all deine Schätze von dir abhängig sind und von dir benutzt werden. Du solltest weder an den Vater noch an den Sohn noch an die Verwendung (des Reichtums) denken[19]: Dies nennt man das Aufrechterhalten des Lotus-Sutras. Von Äon zu Äon lässt die eigene Hand den Text nicht los, von morgens bis abends gibt es keinen Moment, wo man nicht seiner eingedenk ist."

Fada erfuhr auf diese Weise eine offenbarende Eingebung und sprang vor Freude auf. In Versen sprach er dieses Lob:

„Die dreitausend Mal, die ich das Sutra rezitierte,
sind mit einem Wort von Huineng aus Caoqi vergessen.
Wie könnte man den irrigen Ballast
so vieler Leben loswerden,
wenn man die überweltliche Wahrheit nicht begreift?
Die Karren von Ziege, Hirsch und Ochse
wurden behelfsmäßig eingeführt,
um zur größeren Bedeutung von anfänglichen, mittleren
und letzten Stufen der Lehre erhöht zu werden.
Wer versteht, dass er innerhalb des brennenden Hauses[20]
der ursprüngliche König innerhalb der *dharmas* ist?"

Der Meister sagte: „Von nun an kann man dich wahrhaft einen Sutra rezitierenden Mönch nennen." Fada begriff so den geheimnisvollen Sinn und hörte nie auf, das Sutra zu rezitieren.

Der Mönch Zhitong stammte aus Anfeng in der Präfektur Shauzhou. Zunächst las er etwa tausend Mal das Lankâvatâra-Sutra. Er verstand jedoch nicht die drei Körper *(trikâya)* und vier Weisheiten, also machte er dem Meister seine Aufwartung und bat um Erklärung dieser Doktrin.

---

[19] Eine Parabel aus dem Lotus-Sutra, in der der Vater Buddha symbolisiert, der dem armen Sohn (seinen Schülern) den Reichtum von dessen Weisheit aufzeigte.

[20] Steht für die drei Welten von Begierde, Form und Formlosigkeit.

Der Meister sprach: „Was die drei Körper angeht, so ist der reine *dharmakâya* unsere Natur, der vollkommene *sambhogakâya* unsere Weisheit, und die tausend Milliarden *nirmânakâya* sind unsere Übungen[21]. Von den drei Körpern abseits der grundlegenden Natur zu reden, dies nennt man ‚die Körper ohne die Weisheit haben'. Wenn du zur Tatsache erwachst, dass die drei Körper keine Selbst-Natur besitzen, dann wirst du das *bodhi* der vier Weisheiten verstehen. Hier sind meine Verse dazu:

Die drei Körper sind immanent in der Selbst-Natur.
Erleuchtung erzeugend,
  werden die vier Weisheiten erschaffen.
Ohne Sehen und Hören aufzugeben,
schreitet man hinüber auf die Stufe der Buddhaschaft.

Ich erkläre dir nun diese Lehre.
Glaube fest daran und sei für immer ohne Täuschung.
Suche nicht außerhalb nach Erleuchtung,
wie die, die ständig über *bodhi* reden."

Zhitong fragte weiter: „Wie kann ich die Bedeutung der vier Weisheiten vernehmen?" Der Meister erwiderte: „Wenn du die drei Körper verstehst, dann auch die vier Weisheiten. Welche Fragen blieben dann noch? Würde ich von den vier Weisheiten unabhängig von den drei Körpern sprechen, dann hieße das ‚die Körper ohne die Weisheit haben'. Dies wäre gleichbedeutend damit, Weisheit zu Nicht-Weisheit zu machen. Ich will es in folgenden Versen ausdrücken:

Die große Spiegelweisheit ist rein von Natur.
Die Weisheit der universell gleichen Natur
  ist ohne Krankheit des Geistes.

---

[21] *samskâra*, geistige Aktivitäten.

Das Erkennen der wundersamen Versenkungsweisheit
  ist nicht das Ergebnis von Verdienst.
Die Weisheit, die das erschafft, was erlangt wird,
  ist mit der Spiegelweisheit identisch.
Das fünfte und achte, sechste und siebente Bewusstsein
  wandeln sich durch Wirkungen und Ursachen.

Dies sind nur Worte ohne wahre Natur.
Wenn man zum Zeitpunkt jener Wandlung
  nicht an den Sinnesbereichen haftet,
verweilt man im Drachen-*samâdhi*[22]
  mit seinen Myriaden von Gedanken."

[Dies ist die Wandlung der Bewusstseinsarten in die vier Weisheiten. Im Sutra heißt es: „Die ersten fünf Bewusstseinsarten werden in die vervollständigende Weisheit verwandelt, die sechste in die tiefgründig beobachtende Weisheit, die siebte in die Weisheit der Gleichheit und die achte in die große Spiegelweisheit." Trotz der Wandlung der sechsten und siebten Bewusstseinsart innerhalb der Ursache und der ersten fünf Bewusstseinsarten sowie der achten auf der Grundlage der Wirkung gibt es nur einen Wandel der Ausdrücke, aber keinen Wandel in der Essenz (der Bewusstseinsarten).][23]

Zhitong erfuhr plötzliches Erwachen zur Natur und zu den Weisheiten und bot diese Verse dar:

„Die drei Körper sind in meinem eigenen immanent,
die vier Weisheiten sind mein eigener Erleuchtungsgeist.
Körper und Weisheiten durchdringen einander
  ohne Hindernis,
und antworten auf die Wesen,
  indem sie viele Formen annehmen.

---

[22] *nâga-samâdhi* – Drachen sind für ihren stillen Geist bekannt.
[23] Ergänzung bei McRae.

Alles bewusst eingeleitete Kultivieren ist falsche Aktivität,
an ihnen zu hängen widerspricht ihrer Natur.
Der wundersame Sinn wurde vom Meister erhellt,
fortan werde ich alle Unreinheiten vergessen,
die doch nur Worte sind."

Der Mönch Zhichang stammte aus Guiyi in der Provinz Xinzhou. Mit sieben oder acht Jahren verließ er sein Zuhause (um Mönch zu werden) und strebte bewusst danach, seine Natur zu erkennen. Als er eines Tages Huineng seine Aufwartung machte, fragte dieser: „Woher kommst du und was suchst du?"

Zhichang erwiderte: „Kürzlich begab ich mich auf den Berg Baifeng in Hongzhou, wo ich dem Ehrwürdigen Shenxiu[24] meinen Respekt bezeugte und seiner Lehre von der Erkenntnis der Natur und dem Erlangen der Buddhaschaft lauschte. Weil ich nicht in der Lage war, meine nagenden Zweifel zu beseitigen, habe ich den Weg auf mich genommen, Euch meine Aufwartung zu machen. Ich appelliere an Euer Mitempfinden, Ehrwürden, mich zu unterrichten."

Der Meister fragte: „Wie hat Shenxiu seine Lehre zum Ausdruck gebracht? Versuch das bitte für mich zu wiederholen."

Zhichang sagte: „Nachdem ich dort angekommen war, erhielt ich drei Monate lang keinerlei Unterweisung. Wegen der Bedeutung des Dharma drang ich eines Nachts in Shenxius Unterkunft ein, um ihn zu befragen: ‚Was ist mein grundlegender Geist, meine ursprüngliche Natur?' Shenxiu erwiderte: ‚Siehst du den (leeren) Raum?' Ich bejahte. Er fuhr fort: ‚Wenn du den Raum siehst, hat er Eigenschaften oder nicht?' Ich erwiderte: ‚Raum ist ohne Form. Welche Eigenschaften könnte er haben?' Er sagte: ‚Deine ursprüngliche Natur ist wie der Raum, in dem man nicht ein einziges Ding sehen kann. Dies nennt man rechtes Sehen. Dass es kein einziges Ding gibt, dass man erkennen kann, heißt rechte Erkenntnis. Es gibt kein blau und gelb, kein

[24] Wird im Text Datong (Heshang) genannt.

kurz oder lang. Verstehe nur, dass die ursprüngliche Quelle rein und die Essenz der Erleuchtung vollständig und strahlend ist – dies nennt man die Erkenntnis der Natur und das Erlangen von Buddhaschaft. Es wird auch die Weisheit des Tathâgata genannt.' Selbst nachdem ich jene Erklärung gehört hatte, war ich mir noch unsicher, darum bitte ich Euch um Unterweisung."

Der Meister sprach: „Die Erläuterung dieses Lehrers zeigt, dass er noch an Ansichten und Erkenntnis festhält, weshalb du nicht verstehen kannst. Ich werde es nun in Versen darlegen:

Kein einziges *dharma* zu erkennen,
aber die Ansicht des Nicht-Seins aufrecht zu erhalten,
ist wie dahinziehende Wolken,
die das Antlitz der Sonne verbergen.
Kein einziges *dharma* zu erkennen,
aber das eigene Verständnis von Leere aufrecht zu erhalten,
ist wie ein klarer Himmel, den ein Blitz durchzuckt.

Wenn solch ein fehlgeleitetes Verständnis
nur für einen Augenblick entsteht,
wie können dann je geschickte Mittel erfasst werden?
In einem Gedankenmoment begreife deinen Irrtum,
und dein inneres Licht wird für immer erstrahlen."

Als Zhichang diese Verse hörte, dehnte sich sein Geist plötzlich in Erleuchtung aus, und er verfasste diese Verse:

„Die Ideen des Unsehbaren und Unerkennbaren
im Geist entstehen zu lassen
bedeutet, *bodhi* zu suchen,
ohne sich von Konzepten der Phänomene zu befreien.

Wer nur den kleinsten Gedanken von
  ‚Ich bin erleuchtet' hegt,
ist nicht besser dran als zur Zeit seiner Täuschung.
Hätte ich mich nicht zu Füßen
  des Patriarchen niedergeworfen,
würde ich noch immer meine Vorstellung
von den zwei Extremen hegen."

Eines Tages fragte Zhichang den Meister: „Der Buddha predigte die drei Fahrzeuge und sprach auch vom Höchsten Fahrzeug. Ich verstehe diese Lehren nicht und bitte Euch um Erläuterung."

Der Meister sagte: „Wenn du einen eigenen grundlegenden Geist studierst, hänge nicht an den äußeren Merkmalen der *dharmas*. Es gibt in der Lehre keine vier Fahrzeuge, lediglich die Gedanken der Menschen unterscheiden sich. Zu lernen und zu rezitieren ist das kleine Fahrzeug, zum Dharma erwacht und seine Bedeutung verstanden zu haben ist das mittlere Fahrzeug, und gemäß dem Dharma die Praxis zu kultivieren ist das Große Fahrzeug. Die Myriaden von *dharmas* zu durchdringen und mit all diesen ausgestattet zu sein, ohne jegliche Befleckung, und die Eigenschaften der zahllosen *dharmas* zu transzendieren, ohne irgendetwas dabei zu erlangen, dies wird das Höchste Fahrzeug genannt. ‚Fahrzeug' hat die Bedeutung von Praxis und kann nicht mündlich erörtert werden. Du musst selbst Praxis kultivieren, nicht mich darüber befragen. Zu allen Zeiten ist die Selbst-Natur in diesem Stadium der Soheit."

Zhichang dankte Huineng und diente ihm bis zum Ende seiner Tage.

Der Mönch Zhidao stammte aus Nanhai in Guangzhou. Er bat mit folgenden Worten um die Unterweisung des Meisters: „Seit ich mein Zuhause verließ, habe ich mehr als zehn Jahre mit dem Studium des Nirwana-Sutras verbracht und doch seine

Botschaft nicht verstanden. Würdet Ihr so gütig sein, mir Eure Erläuterung zuteilwerden zu lassen?"

Der Meister fragte: „Was verstehst du denn nicht?"

Zhidao erwiderte: „Ich zweifle an den Zeilen: ‚Alle Vorgänge sind unbeständig und die *dharmas* von Erzeugen und Auslöschen *(samskrita dharma)*. Wenn Erzeugen und Auslöschen getilgt sind, ist die Stille glückselig (Nirwana).'"

Der Meister fragte: „Welche Zweifel hast du daran?"

Zhidao antwortete: „Alle fühlenden Wesen haben zwei Körper, den physischen und den *dharmakâya*. Der physische Körper ist unbeständig und unterliegt Erzeugen und Erlöschen, doch der *dharmakâya* ist beständig und ohne Wissen und Gefühl. Im Sutra heißt es: ‚Wenn Erzeugen und Auslöschen getilgt sind, ist die Stille glückselig (Nirwana).' Ich weiß jedoch nicht, welcher Körper still ist und diese Herrlichkeit erfährt. Wenn es der physische Körper ist, würden sich doch bei seinem Auslöschen die vier Elemente auflösen. Dies würde zu einem Zustand vollständigen Leidens führen, was man nicht glückselig nennen kann. Wenn es aber der *dharmakâya* ist, der ausgelöscht wird, dann wäre man mit Pflanzen und Steinen identisch, wer würde da Glückseligkeit erfahren? Des Weiteren ist die Dharma-Natur die Essenz und die fünf *skandha* sind die Funktionen von Erzeugen und Auslöschen. Es gibt eine Essenz und fünf Funktionen. Wenn Erzeugen und Auslöschen beständig sind, dann sollten im Falle des Erzeugens die Funktionen auf der Grundlage der Essenz aktiviert werden, im Falle des Auslöschens sollten sie in die Essenz zurückkehren. Zu sagen, dass es da noch einmal Erzeugen gebe, impliziert, dass fühlende Wesen nicht dem Auslöschen unterworfen wären. Aber nicht zu sagen, dass es noch einmal Erzeugen gebe, impliziert eine dauerhafte Rückkehr zur Stille, was fühlende Wesen mit unbelebten Objekten gleichsetzen würde. Wenn das der Fall wäre, würden die Myriaden *dharmas* im Widerspruch zum

Nirwana stehen und könnten nicht erzeugt werden. Wie könnte es da Glückseligkeit geben?“

Der Meister antwortete: „Du bist ein Schüler Buddhas, warum hegst du da die falsche Ansicht von Auslöschung *(uccheda)* und Beständigkeit *(shâsvata)*, wie es die Andersgläubigen tun? Die Lehre des Höchsten Fahrzeugs auf der Grundlage dessen zu erklären, was du gerade gesagt hast, würde beinhalten, dass da ein *dharmakâya* getrennt vom physischen Körper existierte, und dass man Erzeugen und Auslöschen überschreiten müsse, um Stille zu erlangen. Weiterhin hast du ausgehend von der Lehre des Nirwana-Sutras bezüglich Ewigkeit und Glückseligkeit argumentiert, es gäbe einen Körper, der diese Funktionen erfahre; doch genau diese falsche Sicht lässt fühlende Wesen nach einer sinnlichen Existenz und weltlichen Vergnügen streben. Diese Menschen sind Opfer der Unwissenheit, die die fünf *skandha* zusammen als Selbst verstehen und alles andere als äußere Sinnesobjekte, die nach individueller Existenz streben und den Tod ablehnen und im Strudel von Leben und Tod umhertreiben, ohne die Hohlheit weltlicher Existenz zu begreifen. Sie verstehen nicht, dass ihre traumartigen Trugbilder falsch sind, und binden sich an das Rad der Wiedergeburt. Sie halten ewiges und glückseliges Nirwana für eine Art von Leiden und suchen darum allezeit nach sinnlichen Vergnügen. Aus Mitempfinden für solche Menschen hat der Buddha die wahre Glückseligkeit von Nirwana aufgezeigt.

Wenn es nur für einen Augenblick kein Merkmal des Erzeugens und des Auslöschens gibt, dann sind da auch kein Erzeugen und Auslöschen, die getilgt werden könnten. Dies bedeutet, genau da (Geistes-)Stille zu erfahren. Und wenn es genau da ist, man aber keinen Gedanken daran hegt, dass es genau da ist, dann wird es ewig und glückselig genannt. Diese Glückseligkeit kennt weder einen, der sie erlebt, noch einen, der sie nicht erlebt. Wie könnte es da noch Kategorien von einer Essenz und fünf Funktionen geben? Und wie könnte jemand davon sprechen, dass Nirwana im Widerspruch zu den Myriaden *dharmas* stehe und deren Existenz fortwährend verhindere? Dies bedeutet, den Buddha zu verunglimpfen und den Dharma zu zerstören. Hör meine Verse an:

Das unübertreffliche große Nirwana
ist vollkommen und strahlend, stets klar und erleuchtend.
Gewöhnliche Narren nennen es den Tod,
Häretiker fassen es als Auslöschen auf.
Wer den beiden Fahrzeugen anhängt,
bezeichnet es als das Unbedingte.
All dies ist bloß intellektuelle Spekulation
und die Grundlage der zweiundsechzig irrigen Ansichten.

Fälschlich leere Namen zu postulieren,
wie könnte das die wahre Lehre sein?
Nur diejenigen, die jenseits des Denkens gehen,
können durchdringen und ohne Anhaften
und Ablehnen sein.

Auf diese Weise versteht man die Lehre der fünf *skandha*
und des angeblichen Selbst innerhalb der *skandha*,
der äußerlichen Abbilder der Form
und alle Merkmale des Tons.

Man betrachtet all dies wie Traumgebilde
und nährt nicht die Unterscheidung
in Gewöhnliche und Heilige.
Indem keine Deutung von Nirwana erfolgt,
werden die beiden extremen Ansichten von Bejahung
und Verneinung sowie die drei Zeiten ausgelöscht.

Der Gebrauch der Sinne erfolgt gemäß den Umständen,
ohne dass ein Gedanke an ‚Gebrauch' entstünde.
Alle *dharmas* werden unterschieden,
doch wird kein Gedanke an Unterscheidung genährt.

Selbst wenn im Zeitalter der Zerstörung
  Feuer bis auf den Grund des Ozeans brennen
und Stürme trommelgleich auf Berge peitschen,
ist die wahre Glückseligkeit ewiger Stille
  und des Endes vom Wandel
das Nirwana der Soheit.

Ich habe mich nun Worten bedient, um es zu erläutern,
damit du deine falschen Ansichten ablegst.
Wenn du aber nicht alles wörtlich nimmst,
dann kannst du ein wenig vom Nirwana verstehen."

Aufgrund dieser Verse erfuhr Zhidao eine große Erleuchtung. Er sprang verzückt auf, zollte seinen Respekt und zog sich dann zurück.

Chan-Meister Xingsi wurde in die Liu-Familie aus Ancheng in der Provinz Jizhou geboren. Als er hörte, dass vom Dharma-Sitz in Caoqi aus die Lehre erblühte, ging er dorthin, um Huineng seine Aufwartung zu machen und um Rat zu fragen. Er sagte: „Was sollte man unternehmen, damit man nicht zurück- und die Stufen hinabfällt?"

Der Meister fragte: „Was hast du in der Vergangenheit gemacht?"

Xingsi antwortete: „Ich habe nicht einmal die weise Wahrheit praktiziert."

Der Meister fragte: „Welche Stufen würdest du denn hinabfallen?"

Xingsi erwiderte: „Ohne die weise Wahrheit praktiziert zu haben, welche Stufen könnte es da geben?“

Der Meister war von Xingsi tief beeindruckt und ernannte ihn zum Ersten unter seinen Schülern. Eines Tages sagte er zu ihm: „Du solltest losziehen und lehren, damit der Dharma nicht verlorengeht.“

So erlangte Xingsi also den Dharma, kehrte in die Provinz Jizhou auf den Berg Qingyuan zurück und verbreitete dort die Lehre unter fühlenden Wesen.

Chan-Meister Huairang stammte aus der Familie Du in der Provinz Jinzhou. Zunächst studierte er unter Nationallehrer Lao-an vom Berg Song. Lao-an schickte ihn zu Huineng. Als Huairang bei ihm eintraf, fragte der Meister: „Wo kommst du her?“

Huairang antwortete: „Vom Berg Song.“

Der Meister sagte: „Was für ein Ding ist es und wie kommt es?“

Huairang erwiderte: „Wenn du es ein einziges Ding nennst, dann gehst du fehl.“

Der Meister fragte: „Kann es denn kultiviert und verwirklicht werden?“

Huairang sagte: „Kultivierung und Verwirklichung sind nicht nicht-existent, doch Befleckung geschieht nicht.“

Der Meister sagte: „Wenn du hier nicht befleckt bist, dann entspricht das der Achtsamkeit der Buddhas. Du bist so, und ich bin so. [Prajnâtara aus Westindien sagte voraus: ‚Unter deinen Füßen wird ein Fohlen hervorkommen, das die Menschen dieser Welt zu Tode trampeln wird.‘ Was du zu tun hast, wird sich dir offenbaren. Fang nicht zu schnell mit dem Predigen an.]“

Huairang erlebte eine plötzliche ausgedehnte Verbindung mit dem ursprünglichen Geist. Daraufhin diente er Huineng fünfzehn Jahre lang als Gehilfe und tauchte von Tag zu Tag tiefer in den geheimnisvollen Sinn ein. Später ging er nach Nanyue, wo er die Chan-Schule weithin bekannt machte.

Chan-Meister Yongjia Xuanjue stammte aus der Zai-Familie in der Präfektur Wenzhou. In jungen Jahren studierte er die Sutras und *shâstra* (Kommentare) und übte sich in der Lehre des Anhaltens (d. h. der Konzentration) und Nachsinnens der Tiantai-Schule. Mittels der Lektüre des Vimakakîrti-Sutras erleuchtete er seinen Geistgrund. Durch Zufall traf er auf Xuance, einen Schüler Huinengs, und diskutierte mit ihm den Dharma. Alles, was er sagte, war in Übereinstimmung mit der Lehre der Patriarchen.

Xuance fragte: „Von wem hast du den Dharma erlangt?"

Xuanjue erwiderte: „Ich hörte, dass eine Abfolge von Lehrern der Mahâyâna-Sutras und der *shâstra* existierte. Später erwachte ich zu der zentralen Lehre vom Geist Buddhas durch die Lektüre des Vimalakîrti-Sutras. Bis jetzt hat noch niemand meine Verwirklichung bestätigt."

Xuance sagte: „Vor der Ankunft des Buddha, den man ‚König mit der ehrfurchtgebietenden Stimme' nannte, konnte man auf einen Meister verzichten, doch nach der Ankunft dieses Buddhas galten alle Selbsterwachten, die keinen Meister hatten, der ihr Erwachen bestätigte, als Ketzer der Schule unbedingter Existenz."

Xuanjue bat: „Könntet Ihr mir meine Verwirklichung bestätigen?"

Xuance sagte: „Meine Worte haben kein Gewicht, aber in Caoqi lebt der sechste Patriarch, Großmeister Huineng. Aus allen vier Himmelsrichtungen versammeln sich dort Schüler wie Wolken. Du würdest gewiss seinen Dharma empfangen, und wenn du dorthin gehst, will ich dich begleiten."

So machten sich beide auf. Bei ihrer Ankunft umkreiste Xuanjue den Meister drei Mal, schüttelte seinen Stab und stand dann still.

Der Meister sagte: „Mönchen gibt man dreitausend Benimmregeln und achttausend besondere Übungen. Woher kommst du, o großer Tugendhafter, mit solch großer Einbildung?“

Xuanjue erwiderte: „Die Angelegenheit von Geburt und Tod ist groß, und Unbeständigkeit kommt geschwind daher.“

Der Meister sagte: „Warum verstehst du nicht das Geburtlose, und dass es da kein ‚geschwind‘ gibt?“

Xuanjue antwortete: „Die Essenz ist geburtlos und Erkenntnis ist ursprünglich ohne Raschheit.“

Der Meister sagte: „So ist es, so ist es.“

Erst da erwies Xuanjue dem Patriarchen den vollen rituellen Respekt. Dann sagte er, er würde weiterziehen. Der Meister fragte: „Ist das nicht etwas rasch?“

Xuanjue erwiderte: „Das Ursprüngliche ist selbst bewegungslos, wie kann es da Raschheit geben?“

Der Meister fragte: „Wer weiß von dieser Bewegungslosigkeit?“

Xuanjue antwortete: „Ihr habt gerade Unterscheidung zur Welt gebracht.“

Der Meister sagte: „Du hast tiefgründig die Vorstellung des Geburtlosen erlangt.“

Xuanjue fragte: „Wie kann das Geburtlose eine Vorstellung haben?“

Der Meister erwiderte: „Wenn es keine Vorstellung gibt, wer ist es dann, der unterscheidet?“

Xuanjue antwortete: „Unterscheiden kommt nicht von Vorstellung.“

Der Meister sagte: „Hervorragend! Bleib wenigstens eine Nacht!“ Von da an nannte man ihn „Xuanjue der einen Nacht“. Später schrieb er das *Zhengdao ge* („Lied des Erwachens“, jap. *Shôdôka*), das in der gesamten Welt Verbreitung fand.

Der Chan-Mönch Zhihuang suchte zunächst den fünften Patriarchen auf und behauptete, *samâdhi* erlangt zu haben. In einer

Hütte lebend, hatte er sich zwanzig Jahre lang ausgedehntem Sitzen gewidmet. Als Huinengs Schüler Xuance durch Heshuo wanderte, hörte er von Zhihuangs Ruhm und suchte ihn in seiner Hütte auf.

Xuance fragte: „Was tust du hier?“

Zhihuang antwortete: „Ich trete in *samâdhi* ein.“

Xuance sagte: „Wenn du vom Eintreten in *samâdhi* sprichst, tritt dann der Geist des Seins oder der Geist des Nicht-Seins ein? Wenn es der Geist des Nicht-Seins ist, dann wären alle nicht-fühlenden Pflanzen und Steine in der Lage, *samâdhi* zu erreichen. Ist es jedoch der Geist des Seins, der eintritt, dann wären alle fühlenden Wesen mit Bewusstsein fähig, *samâdhi* zu erlangen.“

Zhihuang sagte: „Wenn ich in *samâdhi* eintrete, bin ich mir der Existenz eines Geistes des Seins oder Nicht-Seins nicht bewusst.“

Xuance sagte: „Wenn du dir des Geistes von Sein und Nicht-Sein nicht bewusst bist, dann ist dies fortwährendes *samâdhi*. Wie kannst du dort eintreten oder daraus herauskommen? Wenn es Eintreten und Herauskommen gibt, dann ist dies nicht das große *samâdhi*.“

Zhihuang antwortete nicht. Nach einer Weile fragte er: „Von wem hast du diese Lehre empfangen?“

Xuangce antwortete: „Mein Meister ist der sechste Patriarch von Caoqi.“

Zhihuang fragte: „Was hält der sechste Patriarch denn für Meditation?“

Xuance erwiderte: „Was unser Meister lehrt ist das wundersam Friedliche und vollkommen Stille. Essenz und Funktionen sind im Zustand der Soheit. Die fünf *skandha* sind ursprünglich leer, die sechs Sinnesobjekte sind nicht-existent. Man tritt weder in *samâdhi* ein noch aus ihm heraus, man ist weder konzentriert noch verwirrt.

Meditation ist von Natur aus nicht-verweilend, darum sollten wir den Zustand ‚Verweilen in der Ruhe des *dhyâna*' überwinden. Meditation ist von Natur aus nicht-erschaffend, darum sollten wir die Idee vom ‚Erschaffen eines *dhyâna*-Zustandes' aufgeben. Der Geist ist wie der Raum, ohne an diesen zu denken (d. h. wie dieser beschränkt zu sein)."

Nachdem Zhihuang diese Lehre vernommen hatte, suchte er den Meister auf. Dieser fragte: „Warum bist du gekommen?"

Zhihuang berichtete vom Vorgefallenen. Der Meister sagte: „Es ist wirklich, wie man es dir erzählt hat. [Du solltest nur einen Geist haben, der wie der Raum ist, ohne daran zu haften, dass da Raum ist. Deine Funktionen sollten unbehindert sein, ohne Gedanken, in der Ruhe wie in der Bewegung. Die Unterscheidung zwischen gewöhnlichem Menschen und Heiligem ist da vergessen, Subjekt und Objekt sind beide zerstört. Natur und Eigenschaften sind Soheit, und es gibt keine Zeit, in der jemand nicht in *samâdhi* wäre.]"

Da erlebte Zhihuang eine große Erleuchtung. Alles, was er in den vergangenen zwanzig Jahren gelernt hatte, wurde bedeutungslos. In jener Nacht hörten die Menschen nördlich des Gelben Flusses eine Stimme vom Himmel sagen: „Chan-Meister Zhihuang hat heute Erleuchtung erlangt."

Zhihuang nahm später seinen Abschied und kehrte ins Gebiet nördlich des Gelben Flusses zurück, um die vierfache Versammlung zu unterweisen.

Ein Mönch fragte den Meister: „Welche Art von Person erlangt die Lehre aus Huangmei (Huinengs)?"

Der Meister antwortete: „Eine, die den Buddha-Dharma versteht."

Der Mönch fragte weiter: „Hat Euer Ehrwürden dies vollbracht?"

Der Meister erwiderte: „Ich verstehe den Buddha-Dharma nicht."

Eines Tages wollte der Meister die Robe waschen, die ihm vermacht worden war. Weil es keine ansehnliche Quelle in der Nähe gab, begab er sich fünf *li* hinter das Kloster, wo der Wald üppig und von verheißungsvoller Energie belebt war. Der Meister schüttelte seinen Stab und stellte ihn aufrecht auf den Boden, wonach eine Quelle aus dieser Stelle heraustrat. Das Wasser sammelte sich in einem Teich, an den sich Huineng niederkniete, um seine Robe zu waschen.

Plötzlich erschien ein Mönch auf einem Felsen, näherte und verneigte sich mit den Worten: „Ich bin Fangbian aus dem Westlichen Shu. Ich hielt mich früher in Südindien auf, wo mir Großmeister Bodhidharma auftrug: ‚Geh schnell nach China. Ich habe dort das Schatzauge des wahren Dharma und die Robe *(samghâti)* an Mahâkâshyapa übertragen. Sie wurde dann weitere sechs Generationen übertragen und befindet sich nun in Caoqi in der Präfektur Shaozhou. Du solltest dort Huineng deinen Respekt bezeugen.‘ Ich komme also von weit her und möchte gern Robe und Schale sehen, die von unserem Meister übertragen wurden.“

Huineng zeigte sie ihm und fragte: „Worin bist du selbst bewandert?“

Der Mönch antwortete: „Ich bin gut im Anfertigen von Tonfiguren.“

Huineng nahm Haltung an und sagte: „Du solltest von mir eine Skulptur anfertigen.“

Fangbian konnte nicht ablehnen und beendete die Skulptur nach einigen Tagen. Sie war etwa achtzehn Zentimeter hoch und durchweg wunderbar. Der Meister lachte und sagte: „Du verstehst bloß die Natur von Skulpturen, aber nicht die Buddhas.“ Er streckte seine Hand aus und rieb damit über Fangbians Kopf: „Du wirst lange Zeit ein Segensfeld für Menschen und Götter sein.“

[Der Meister entschädigte Fabian, indem er ihm die Robe übergab. Fangbian machte drei Teile daraus, eins, um die

Skulptur zu bedecken, eins behielt er selbst und eins vergrub er im Boden. Er gelobte: „Wenn in Zukunft einer diese Robe erlangt, will ich in der Welt erscheinen, Abt dieses Klosters werden und es renovieren." Im Jahr 1063 baute ein Mönch namens Weixian an dieser Stelle eine Halle und grub den Boden um, wodurch er auf die Robe stieß, die wie neu aussah. Ein Bild davon findet sich im Gaoquan-Kloster; wer dazu betet, erhält stets eine Antwort.]

Ein Mönch zitierte Chan-Meister Woluns Verse:

„Wolun hat eine Technik,
durch die man die hundert Gedanken tilgen kann:
Der Geist aktiviert nicht die Sinnesbereiche,
und *bodhi* wächst Tag für Tag an."

Als der Meister dies hörte, sagte er: „Der Verfasser dieser Verse hat den Geistgrund nicht verstanden. Wenn du so praktizierst, wirst du deine Fesseln nur mehren." Dann rezitierte er selbst Verse:

„Huineng ist ohne Technik
und löscht die hundert Gedanken nicht aus.
Der Geist wird oft durch die Sinnesbereiche angeregt,
wie könnte da *bodhi* anwachsen?"

VIII. Plötzliches und allmähliches Erwachen

Als der Patriarch Huineng im Baolin-Tempel in Caoqi weilte, befand sich Großmeister Shenxiu im Yuquan-Kloster in Jingnan. Zu dieser Zeit erblühten beide Schulen, und jedermann sprach von „Huineng im Süden und Shenxiu im Norden". Es gab demnach eine Unterteilung der beiden Schulen in eine südliche und eine nördliche, eine plötzliche und eine allmähliche, doch die Schüler verstanden den Sinn dahinter nicht.

Der Meister sprach zur Versammlung: „Im Dharma gibt es ursprünglich bloß eine Lehre, nur die Menschen denken, es gäbe Süden und Norden. Der Dharma ist also ein einziger Samen, doch bei seinem Erkennen gibt es schnell und langsam. Was wird plötzlich und allmählich genannt? Der Dharma ist ohne plötzlich und allmählich, es sind die Menschen, die klug oder einfältig sind, von daher stammen die Ausdrücke plötzlich und allmählich. Doch Shenxius Anhänger kritisieren häufig die Südschule und sagen, Patriarch Huineng sei völlig ungebildet, wie könnte es da gut um diese Schule stehen? Shenxiu hingegen meinte: ‚Er hat die Weisheit erlangt, die ohne Lehrer ist, und wurde tief erleuchtet zum höchsten Fahrzeug. Das gilt für mich nicht. Mein Lehrer, der fünfte Patriarch, hat die Robe und den Dharma persönlich an ihn übertragen, wie könnte das ein Irrtum sein? Ich bedaure, dass ich den weiten Weg zu ihm nicht auf mich nehmen kann und unverdient die Großzügigkeit der Nation empfange. Ihr Schüler, bleibt nicht länger hier, sondern geht nach Caoqi, um von Huineng eure Zweifel beseitigen zu lassen!"

Eines Tages trug Shenxiu seinem Schüler Zhicheng auf: „Du bist in vielerlei Hinsicht klug und weise. Geh an meiner Stelle nach Caoqi und lausche Huinengs Dharma. Was immer du hörst, behalte es im Gedächtnis und erzähle mir später davon." Also ging Zhicheng nach Caoqi, trat der Mönchsgemeinschaft bei und befragte Huineng, ohne zu sagen, woher er kam. Zu dieser Zeit informierte der Patriarch die Versammlung: „Da ist nun einer, der versteckt sich in der Gemeinschaft, um den Dharma zu stehlen." Daraufhin trat Zhicheng vor, verbeugte sich und erzählte alles. Der Meister sagte: „Du bist also aus dem Yuquan-Tempel. Es muss sich um ein Komplott handeln."

Zhicheng antwortete: „Nein, das ist es nicht."

Der Meister fragte: „Inwiefern?"

Zhicheng erwiderte: „Bevor ich sprach, war es eines, doch nun, wo ich mich offenbart habe, ist es kein Komplott mehr."

Der Meister fragte: „Wie lehrt dein Meister seine Schüler?"

Zhicheng antwortete: „Er lehrt die Versammlung stets, über Reinheit zu meditieren und fortwährend die Sitzhaltung beizubehalten, ohne sich hinzulegen."

Der Meister sagte: „Über Reinheit nachzusinnen ist eine Krankheit, nicht Meditation. Und andauerndes Sitzen wird den Körper versteifen, wie könnte es von Vorteil sein? Hör dir meine Verse an:

Ein lebendiger Mensch sitzt – und liegt nicht ständig herum,
während ein Toter liegt und nicht sitzt.
Warum sollten wir diesem Bündel stinkender Knochen
die Übung des Sitzens aufzwingen?"

Nachdem er sich zum zweiten Mal verbeugt hatte, bemerkte Zhicheng: „Ich habe unter Großmeister Shenxiu neun Jahre studiert, ohne Erleuchtung zu erlangen. Nun habe ich eine Erläuterung von Euch vernommen und bin zum ursprünglichen Geist erwacht. Ich glaube, dass die Angelegenheit von Geburt und Tod wichtig ist. Würdet Ihr so barmherzig sein, mich weiter zu unterweisen?"

Huineng sagte: „Ich habe gehört, dein Meister belehrt seine Schüler über Moral, Meditation und Weisheit, doch ich weiß nicht, wie er diese erklärt. Was sind die Merkmale seiner Praxis? Sag es mir."

Zhicheng antwortete: „Großmeister Shenxiu lehrt, dass Moral ist, nichts Böses zu tun, Weisheit ist, Gutes zu tun, und Meditation ist, die eigenen Absichten zu reinigen. Ich frage mich, welchen Dharma Ihr lehrt?“

Der Meister sagte: „Zu behaupten, ich hätte einen Dharma für die Menschen, wäre irreführend. Ich löse einfach die Fesseln der Menschen gemäß den Umständen. Um einen provisorischen Namen dafür zu benutzen, können wir diesen Zustand der Befreiung *samâdhi* nennen. Die Art, in der dein Lehrer *shîla, dhyâna* und *prâjna* lehrt ist unfassbar, doch meine Sicht auf Moral, Meditation und Weisheit ist eine andere.“

Zhicheng fragte: „Es kann doch wohl nur eine Art von Moral, Meditation und Weisheit geben?“

Huineng erwiderte: „Dein Lehrer richtet sich damit an Anhänger des Großen Fahrzeuges. Ich richte mich an Anhänger des Höchsten Fahrzeuges. Die Erleuchtung und das Verständnis der Menschen unterscheiden sich, es gibt im Erkennen schnell und langsam. Hör dir meine Erläuterung an und sieh selbst, ob sie mit der deines Lehrers identisch ist. Der Dharma, den ich lehre, weicht nicht von der Selbst-Natur ab. Den Dharma abseits der Selbst-Natur (d. h. der intuitiven Erkenntnis) zu predigen wird oberflächliches Lehren genannt, es berührt nur die phänomenale Seite des Dharma. Du solltest verstehen, dass alle Funktionen der Myriaden von *dharmas* durch die Selbst-Natur (Geist-Essenz) aktiviert werden. Dies ist der wahre Dharma von Moral, Meditation und Weisheit. Hör dir meine Verse an:

Ein Geist ohne Bösartigkeit ist die Moral der Selbst-Natur.
Ein Geist ohne Täuschung ist die Weisheit der Selbst-Natur.
Ein Geist ohne Unruhe ist die Meditation der Selbst-Natur.
Was weder zunimmt noch abnimmt
  ist der Diamant (d. h. die Selbst-Natur).
Das Kommen und Gehen des Körpers ist *samâdhi.*“

Als Zhicheng diese Verse hörte, bot er aus Dankbarkeit selbst welche dar:

„Das trügerische ‚Selbst" der fünf *skandha*
kann nicht in die absolute Wirklichkeit vordringen.
Zu glauben,
dass es für uns eine Soheit *(bhûtathatâ)* zu erlangen gelte,
ist ein weiteres Beispiel für unreinen Dharma."

Huineng stimmte zu und sagte zu Zhicheng: „Moral, Meditation und Weisheit deines Meisters dienen dazu, Menschen mit geringer Auffassungsgabe zur Erkenntnis zu führen, doch in meinem Fall richten sie sich an Menschen mit großer Auffassungsgabe. Wenn du zur Selbst-Natur erwacht bist, musst du weder *bodhi* noch Nirwana oder Wissen um Befreiung postulieren. Nur wer nicht an einem einzigen Dharma festhält, kann alle Lehren postulieren. Diese Doktrin zu verstehen wird ‚der Körper Buddhas' (die Verkörperung der Buddha-Wahrheit) genannt. Es wird auch *bodhi*, Nirwana und Wissen um Befreiung genannt. Wer Selbst-Natur verwirklicht hat, ist frei, Dharma(s) zu postulieren oder nicht, denn er kann frei kommen und gehen und begegnet keinen Hindernissen mehr. Er handelt gemäß den Umständen und antwortet gemäß der Verfassung seiner Schüler. Beim Anblick der *nirmânakâya* (Wandlungskörper) weicht er nicht von seiner Selbst-Natur ab. Im Stadium des *vikrîdita-samâdhi*[25] ist er unabhängig und doch allgegenwärtig. Dies nennt man das Erkennen der (Selbst-)Natur."

Zhicheng erkundigte sich weiter: „Was heißt es, nicht zu postulieren?"

Der Meister sagte: „Die Selbst-Natur ist ohne Bösartigkeit, ohne Täuschung und ohne Unruhe. Gedanke um Gedanke erleuchtet Weisheit, die fortwährend die Eigenschaften der

---

[25] Diese Versenkungsstufe wird erreicht, wenn ein Bodhisattva willentlich in alle anderen „Stufen" eingehen und aus ihnen heraustreten kann; er wird dann mit einem furchtlosen Löwen unter wilden Tieren verglichen.

dharmas überschreitet. Unabhängig und selbstbestimmt, versteht man alles – wie könnte man da etwas postulieren? Die Selbst-Natur wird selbst erleuchtet *(zizing zi)*: Plötzliches Erwachen und plötzliches Kultivieren. Es gibt kein allmähliches Fortschreiten. Darum postuliert man keine Dharma(s). Alle Dharma(s) sind im Zustand Nirwanas, wo könnte es da Allmählichkeit geben?"

Zhicheng verbeugte sich und sagte: „Ich möchte Euch Tag und Nacht ohne Unterlass dienen."

Der Mönch Zhiche stammte aus der Provinz Jiangxi und trug den Geburtsnamen Zhang Xingchang. Obwohl seit der Trennung in Nord- und Südschule deren Meister keine Unterschiede mehr machten, rivalisierten ihre Schüler miteinander. Die Anhänger der Nordschule wollten ihren Lehrer zum sechsten Patriarchen machen, aber weil sie besorgt waren, dass die Geschichte von der Übertragung der Robe bereits im Land bekannt sein könnte, schickten sie Xingchang los, um Huineng zu töten.

Da der Patriarch durch Vorahnung diese Absichten erkannte, legte er zehn Silbertaler neben seinen Sitz. Xingchang drang in der Nacht in Huinengs Zimmer ein, um ihn zu töten. Der Patriarch streckte seinen Hals vor, um das Schwert zu empfangen. Xingchang schlug drei Mal zu, konnte den Meister jedoch nicht verletzen. Dieser sprach folgende Verse:

„Ein gerades Schwert ist nicht gekrümmt,
ein krummes Schwert nicht gerade.
Ich schulde dir nur Geld,
aber nicht mein Leben."

Xingchang erstarrte und fiel zu Boden. Als er sein Bewusstsein wiedererlangt hatte, wurde er von Reue ergriffen, bat um Vergebung und gelobte, Mönch zu werden. Der Patriarch gab ihm das Geld und sagte: „Du musst diesen Ort sogleich verlassen, ehe dir meine Schüler zusetzen. Später kannst du dein Aussehen verändern und zurückkommen, dann werde ich dich empfangen."

Xingchang folgte der Aufforderung und floh in derselben Nacht. Später trat er der Gemeinschaft in einem anderen Kloster bei, wo er die volle Ordination erhielt und der Praxis des Dharma mit Elan nachkam. Eines Tages erinnerte er sich an die Worte des Patriarchen und machte sich auf eine lange Reise, um ihm seine Aufwartung zu machen.

Huineng sagte: „Ich habe die ganze Zeit an dich gedacht, warum bist du erst jetzt gekommen?"

Xingchang antwortete: „Ihr habt mir so gütig verziehen, doch auch wenn ich mein Zuhause verließ und Enthaltsamkeit praktizierte, werde ich meine Dankbarkeit Euch gegenüber nie angemessen erweisen können. Ich kann lediglich den Dharma zum Wohle aller Lebewesen verbreiten.

Ich lese regelmäßig im Mahâparinirvâna-Sutra, verstehe aber nicht, was Beständigkeit und Unbeständigkeit bedeuten. Ich bitte Euch, mir diese barmherzig zu erläutern."

Huineng sagte: „Unbeständig ist die Buddha-Natur, beständig ist der Geist, der in Gutes und Schlechtes unterteilt."

Xingchang rief aus: „Eure Erklärung widerspricht dem Sutra!"

Der Patriarch erwiderte: „Ich übertrage das Buddha-Siegel. Wie könnte ich es wagen, einem Sutra Buddhas zu widersprechen?"

Xingchang ergänzte: „Das Sutra besagt, die Buddha-Natur sei beständig, Ihr aber behauptet, sie sei unbeständig. Es besagt, alles Gute und Schlechte einschließlich sogar des *Bodhi*-Geistes sei unbeständig, Ihr aber behauptet das Gegenteil. Euer Widerspruch verstärkt nur meine Zweifel und meine Ratlosigkeit."

Huineng sagte: „Als ich vor langer Zeit die Nonne Wujin Zang das Nirwana-Sutra rezitieren hörte, erläuterte ich ihr es unverzüglich, und jedes meiner Worte stimmte mit dem Sutra überein. Selbst jetzt, wo ich zu dir spreche, handelt es sich um die gleiche Darlegung."

Xingchang sagte: „Mein Verständnis ist gering, bitte helft!"

Huineng fuhr fort: „Wenn die Buddha-Natur beständig ist, welchen Nutzen hat es dann, vom so genannten Guten und Schlechten zu sprechen, und warum gibt es in diesem langen Zeitalter nicht einen Menschen, der den *bodhi*-Geist entwickelt? Darum rede ich von Unbeständigkeit, die genau der wahren Beständigkeit entspricht, die vom Buddha dargelegt wurde. Der Buddha zerlegte im Nirwana-Sutra die acht Verwirrungen, also die falschen Vorstellungen der Häretiker über Beständigkeit und die der *shrâvaka* und *pratyeka*-Buddhas, die Beständigkeit für Unbeständigkeit hielten, und er offenbarte wahre Beständigkeit, wahre Glückseligkeit, wahres Selbst und wahre Reinheit.

Du verlässt dich nur auf die Worte des Sutras und streitest um ihre Bedeutung. Du missinterpretierst die subtilen Worte von Buddhas vollständiger Lehre, indem du das, was Auslöschen unterworfen ist, für unbeständig hältst, und dich an leblose Beständigkeit haftest. Selbst wenn du das Sutra tausendmal lesen würdest, brächte es dir keinen Nutzen."

Da erwachte Xingchang plötzlich und verfasste die Verse:

„Einige hängen dem Glauben an Unbeständigkeit an,
doch Buddha lehrte, dass die Natur sich nicht wandelt.
Wer dieses geschickte Mittel nicht versteht,
ist wie einer, der Kieselsteine aus einem Teich wertschätzt.

Ohne dass ich jetzt eine Anstrengung unternähme,
manifestiert sich vor mir meine Buddha-Natur.
Das ist kein Geschenk meines Meisters,
und ich gewinne dadurch nichts."

Der Patriarch sagte: „Du bist nun vollständig erwacht und solltest dich Zhiche (‚Verwirklichter Sinn') nennen." Zhiche verbeugte sich dankbar und zog sich zurück.

Ein dreizehnjähriger Mönch namens Shenhui, der aus der Gao-Familie in Xiangyang stammte, kam aus dem Yuquan-Kloster, um Huineng um Unterweisung zu bitten. Dieser sagte: „Mein Freund *(zhishi)*, du musst eine entbehrungsreiche, weite Reise hinter dir haben. Hast du auch das Ursprüngliche mitgebracht? Wenn du es besitzt, solltest du seinen Besitzer kennen. Versuch mir etwas darüber zu sagen."

Shenhui erwiderte: „Was nirgendwo verweilt, ist das Ursprüngliche, und das, was erkennt, ist der Besitzer (*zhu*, auch: Gastgeber)."

Huineng sagte: „Wie kann dieser Novize so daherreden?"

Shenhui fragte: „Wenn Ihr in Meditation sitzt, erkennt ihr da noch (eure Selbst-Natur) oder nicht?"

Da schlug ihn Huineng drei Mal mit dem Stab und fragte: „Wenn ich dich schlage, spürst du da Schmerz oder nicht?"

Shenhui antwortete: „Sowohl Schmerz als auch Nicht-Schmerz."

Huineng sagte: „Ich erkenne und erkenne nicht."

Shenhui fragte: „Was meint Ihr damit?"

Huineng antwortete: „Mein Erkennen bezieht sich auf die Irrtümer meines Geistes und nicht auf das Richtig und Falsch oder Gut und Schlecht der anderen. Dies ist mein Erkennen und Nicht-Erkennen. Wie steht es mit deinem ‚Schmerz und Nicht-Schmerz? Wenn du keinen Schmerz empfindest, bist du wie ein Stein oder ein Stück Holz. Wenn aber doch, dann ähnelst du einem gewöhnlichen Menschen und wirst Wut und Hass aufkommen lassen. Dein ‚Erkennen und Nicht-Erkennen' sind Extreme, dein ‚Schmerz und Nicht-Schmerz' sind die Ursache von Geburt und Tod. Du siehst deine eigene Natur nicht und verspottest doch andere."

Shenhui verbeugte sich in Dankbarkeit.

Huineng fuhr fort: „Wenn dein Geist verwirrt ist und du deine eigene Natur nicht erkennst, solltest du erfahrene Menschen bitten, dir den Weg zu zeigen. Ist dein Geist erwacht, siehst du deine eigene Natur und solltest dich gemäß dem Dharma üben. Du aber bist getäuscht und erkennst deine eigene Natur nicht, dennoch fragst du mich, ob ich erkenne oder nicht. Wenn ich es erkenne, dann weiß ich selbst darum, aber wie könnte das deine Täuschung ersetzen? Auch du wirst, wenn du es selbst erkennst, nicht als mein Stellvertreter handeln und meine Irrungen übernehmen können. Warum befragst du mich also zu meiner Erkenntnis, anstatt es für dich selbst zu durchdringen?"

Da warf sich Shenhui mehr als einhundert Mal nieder und bat den Meister um Vergebung. Fortan diente er ihm als Gehilfe und wich nicht mehr von seiner Seite.

Eines Tages sagte Huineng zur Versammlung: „Ich habe hier etwas, das weder Kopf noch Schwanz, weder Namen noch Titel, weder Vorder- noch Rückseite besitzt. Wisst ihr, was das ist?"

Shenhui trat vor und sprach: „Es ist die ursprüngliche Quelle aller Buddhas. Es ist Shenhuis Buddha-Natur!"

Huineng erwiderte: „Sobald ich von dem spreche, was weder Name noch Titel hat, nennst du es sogleich die ursprüngliche Quelle und Buddha-Natur. Selbst wenn du dich in eine Strohhütte zurückziehen würdest, würdest du nur zu einem Schüler derjenigen, die um Wissen und Interpretation ringen."

Nach dem Tod Huinengs ging Shenhui in die Hauptstadt Luoyang, wo er weithin die Lehre vom plötzlichen Erwachen verbreitete und die „Erläuterung der zentralen Lehre"[26] verfasste. Man kannte ihn fortan unter dem Namen seines Klosters Heze („Lotussumpf").

---

[26] 顯宗記, Xianzongji („Aufzeichnung zur Klärung der Essenz"), jap. *Kataku daishi kenshu ki*, T. 2076.

Am fünfzehnten Tag des ersten Mondmonats im Jahre 705 erließen Kaiserin Zetian und Kaiser Zhongzong folgendes Edikt: „Wir haben die Großmeister Shenxiu und Laoan in den Palast eingeladen, damit sie unsere Ehrengaben empfangen. Wir wollen nach Verrichtung unserer zahlreichen kaiserlichen Verpflichtungen in unserer freien Zeit Unterweisung im Höchsten Fahrzeug erhalten. Die beiden Lehrer waren sehr bescheiden und empfahlen Chan-Meister Huineng aus dem Süden, da er wahrhaft die Robe, den Dharma und Buddhas Geistessiegel von Großmeister Hongren empfangen habe. Wir entsenden nun unseren Palastdiener Xie Jian mit unserer Einladung nach Caoqi und bitten den Meister ergebenst, schnellstens in die Hauptstadt zu kommen."

Huineng verfasste als Antwort eine höfliche Absage an den Thron, da er krank sei und sich wünschte, seine verbleibenden Jahre am Fuß des Berges verbringen zu können. Xie Jian sagte zu ihm: „In der Hauptstadt meinten alle Chan-Meister: ‚Wenn jemand den Weg verstehen will, muss er in *dhyâna*-Meditation sitzen und *samâdhi* praktizieren. Es gibt keine Befreiung ohne *dhyâna* und *samâdhi.*' Ich weiß nicht, wie Ihr hier den Dharma erläutert."

Huineng erwiderte: „Der Weg *(dao)* muss durch den erwachten Geist verstanden werden und hat nichts mit Sitzmeditation zu tun. Im Diamant-Sutra heißt es: ‚Wer behauptet, der Tathâgata komme oder gehe, sitze oder liege, betritt den Pfad der Ketzer. denn der Tathâgata hat keinen Ort, von dem er kommt, noch einen, zu dem er geht.' Weil es über Geburt und Tod hinausgeht, ist es des Tathâgatas reines und klares Chan. Wenn alle Dinge als leer und still wahrgenommen werden, ist es des Tathâgatas reines und klares Sitzen. Am Ende ist da keine Verwirklichung, noch weniger ist da Sitzmeditation."

Xie Jian sagte: „Wenn ich in die Hauptstadt zurückkehre, werden mich die Majestäten sicher nach Eurer Lehre fragen. Darum bitte ich Euch, mir aus Mitgefühl die wesentlichen Punkte zu erläutern, so dass ich meinen Bericht an die beiden Paläste und die Schüler des Weges in der Hauptstadt übermitteln kann. Er wird wie eine Lampe sein, deren Licht grenzenlos scheint und alle Dunkelheit verscheucht."

Huineng antwortete: „Der Weg ist weder Licht noch Dunkelheit. Hell und dunkel sind komplementäre Ideen, selbst grenzenloses Licht impliziert eine Grenze, weil die Worte Grenze und grenzenlos relativ sind. Darum heißt es im Vimalakîrti-Sutra: ‚Der Dharma ist ohne Vergleich, weil er absolut ist.'"

Xie Jian fragte weiter: „Licht ist eine Metapher für Weisheit, Dunkelheit eine für Befleckung *(klesha)*. Wenn jemand in seiner Selbst-Kultivierung keine Weisheit benutzt, um Befleckungen aufzulösen, auf was sollte er sich dann verlassen, um dem Kreislauf von Geburt und Tod zu entgehen, der ohne Anfang ist?"

Huineng erwiderte: „Befleckungen (Anhaftungen) sind identisch mit *bodhi*, sie sind nicht zwei oder voneinander getrennt. Wenn mit Weisheit Befleckungen erhellt und aufgelöst werden, dann entspricht dies der Auslegung des Hînayâna und damit der Erkenntnis jener, die in den Ziegen- und Hirschkarren fahren. Menschen von höherer Weisheit interpretieren es nie auf solche Art."

Xie Jian fragte: „Was ist die Deutung des Mahâyâna?"

Huineng antwortete: „Licht und Dunkelheit werden von gewöhnlichen Menschen als zwei verschiedene Dinge gesehen, doch für den Erwachten mit klarer Sicht sind sie von derselben nicht-dualen Natur. Diese wahre Natur nimmt auch in den Unwissenden nicht ab, und sie nimmt in den Weisen nicht zu. Sie wird nicht inmitten von Befleckungen gestört und ist im Stadium von *samâdhi* nicht still. Sie ist weder unbeständig noch beständig. Weder kommt sie noch geht sie. Sie ist weder innen noch außen noch zwischen den beiden. Sie ist nicht geboren und wird nicht sterben. Ihre Essenz und ihre Phänomene sind im absoluten Zustand der Soheit. Sie ist ewig und unwandelbar. Dies nennt man den Weg."

Xie Jiang fragte: „Ihr sprecht von dem, was nicht geboren wurde und nicht stirbt. Wie unterscheidet sich das von dem, was die Ketzer lehren?"

Huineng erwiderte: „Wenn die Ketzer von dem reden, was nicht geboren wird und nicht stirbt, dann ist der Tod das Ende des Lebens und Geburt bedeutet, Tod zu offenbaren. Was sie Tod nennen ist keine wahre Auslöschung, und was sie Geburt nennen findet nicht wirklich statt[27]. Was ich mit nicht-existenter Geburt und nicht-existentem Tod meine, ist dies: Ursprünglich war da keine Geburt, also wird da nun kein Tod sein. Darum unterscheidet sich meine Erläuterung von der der Ketzer. Wenn du die Geist-Essenz erfassen willst, dann genügt es, weder an gut noch schlecht zu denken. So wirst du in der Lage sein, in den reinen und klaren Geist einzutreten, der stets ruhig und gleichmütig ist und dessen wundersame Funktionen so zahlreich wie die Sandkörner des Ganges sind."

Nach dieser Unterweisung war Xie Jiang tief erwacht. Er warf sich nieder und verabschiedete sich dann vom Patriarchen, um in die Hauptstadt zurückzukehren, wo er die Botschaft in den beiden Palästen verkündete.

Am dritten Tag des neunten Mondmonats in jenem Jahr wurde ein weiteres kaiserliches Edikt erlassen, das den Meister wie folgt pries:

„Der Meister hat unsere Einladung aufgrund seines hohen Alters und einer Erkrankung ausgeschlagen. Er widmet seine Zeit zu unseren Gunsten der Praxis des Weges und ist dadurch ein Feld der Glückseligkeit für die gesamte Nation. Wie Vimalakîrti, der sich in Vaishâli krank meldete, verbreitet er

[27] Daher das Rad der Seelenwanderung.

weithin das Mahâyâna, überträgt den Buddha-Geist und erläutert den nicht-dualen Dharma.

Xie Jian hat uns die Unterweisung des Meisters über die Weisheit Tathâgatas mitgebracht. Es wird wohl an dem großen Segen infolge unserer angesammelten tugendhaften Taten und guten Wurzeln liegen, die in früheren Leben erzeugt wurden, dass wir nun Zeitgenossen des Meisters wurden und unmittelbar zum Höchsten Fahrzeug erwachten. Für diese Gnade sind wir ihm unendlich dankbar. Im Gegenzug verleihen wir ihm nun eine koreanische Mo Na-Robe und eine Kristallschale. Außerdem befehlen wir hiermit dem Gouverneur von Shaozhou, Huinengs Kloster und seine alte Bleibe zu renovieren, die fortan Guensi (‚Tempel der staatlichen Großzügigkeit') heißen soll.

Eines Tages rief der Meister seine Schüler Fahai, Zhicheng, Fada, Shenhui, Zhichang, Zhitong, Zhiche, Zhidao, Fazhen und Faru zusammen und sagte: „Ihr unterscheidet euch von den anderen Menschen. Nach meinem Verlöschen sollte jeder von euch ein Meister in einer anderen Region werden. Ich werde euch nun lehren, wie man den Dharma predigt, ohne die grundlegende Doktrin zu verlieren.

Lasst uns mit den drei Kategorien der Dharma-Tore zur Erleuchtung beginnen, gefolgt von den sechsunddreißig Paaren an Gegensätzen, der Vermeidung sowohl der beiden Extreme beim Kommen und Gehen als auch des Abweichens von der Selbst-Natur beim Erläutern des Dharma.

Wenn jemand euch plötzlich über den Dharma befragt, sollte eure Antwort auf einem Paar Gegensätze beruhen, deren Existenz zunächst voneinander abhängt, bis ihr Dualität ausgelöscht habt und nichts zurückbleibt.

Die drei Kategorien von Dharma-Toren sind: *skandha*, *dhâtu* (die achtzehn Sinnesbereiche) und *âyatana* (die zwölf Eingänge). Es gibt fünf *skandha:* Form *(rûpa)*, Gefühle *(vedanâ)*, Wahrnehmung *(samjnâ)*, geistige Aktivitäten *(samskâra)* und Bewusstsein *(vijnâna)*. Die *âyatana* werden in die sechs äußerlichen Sinneswahrnehmungen – Sicht, Gehör, Geruch, Geschmack, Gefühl und Gedanke – und in die sechs inneren Sinnesorgane (Eingänge) – Auge, Ohr, Nase, Zunge, Körper und Geist – eingeteilt. Die *dhâtu* bestehen aus den sechs Sinneswahrnehmungen, den sechs Sinnesorganen (Eingängen) und den sechs Bewusstseinsarten.

Da die Selbst-Natur Myriaden von Dingen enthalten kann, wird sie als Speicherbewusstsein bezeichnet *(âlaya-vijnâna)*. Sobald Denken und Vergleichen auftauchen, verwandelt sich dieses in Bewusstsein und erzeugt die sechs Bewusstseinsarten, die aus den sechs Eingängen hervorgehen und die sechs Sinneswahrnehmungen empfangen. So entstammen die achtzehn *dhâtu* also der Funktion der Selbst-Natur. Wenn die Selbst-Natur fehlgeht, aktiviert sie die achtzehn *dhâtu* falsch, wenn die Selbst-Natur richtigliegt, dann aktiviert sie sie richtig. Wenn sie bösartig wirkt, dann ist dies das Wirken lebendiger Wesen; wirkt sie gutartig, dann ist dies das Wirken Buddhas. Wie vollzieht sich diese Wirkung? Sie entspringt der Selbst-Natur, die auf Äußerlichkeiten reagiert.

Die Reaktionen beinhalten solche von fünf unbelebten Gegensätzen der äußeren Welt: Himmel und Erde, Sonne und Mond, Licht und Dunkelheit, Wasser und Feuer sowie *yin* und *yang*.

Dann gibt es zwölf Reaktionen von gegensätzlichen Eigenschaften der *dharmas*: Sprache und Dharma, Existenz und Nicht-Existenz, Form und Formlosigkeit, Materielles und Immaterielles, Beflecktes und Unbeflecktes, Form und Leere, Bewegung und Ruhe, Reinheit und Unreinheit, Weltliches und Heiliges, Mönchs- und Laiengemeinschaft, Altes und Junges, Großes und Kleines.

Weiter gibt es neunzehn Reaktionen der Wirkungen, die von der Selbst-Natur aktiviert werden: lang und kurz, falsch und richtig, Täuschung und Weisheit, Unwissenheit und Wissen, Beunruhigung und Gelassenheit *(samâdhi)*, Freundlichkeit und Grausamkeit, Moral und Unmoral, gerade und gekrümmt, wirklich und unwirklich, Voreingenommenheit und Unvoreingenommenheit, *klesha* (Befleckung) und *bodhi* (Erwachen), Beständigkeit und Unbeständigkeit, Mitempfinden und Grausamkeit, Freude und Ärger, Enthaltsamkeit und Geiz, Fortschritt und Rückschritt, Geburt und Tod, *dharmakâya* und *rûpakâya*[28], *nirmânakâya* und *sambhogakâya.*

Diese sechsunddreißig Reaktionen werden euch, wohlverstanden, in die Lage versetzen, die Lehren aller Sutras zu erläu-

---

[28] „Formkörper“, Verkörperungen des Buddha; auch Sammelbegriff für die beiden folgenden Ausdrücke.

tern, indem ihr die beiden Extreme beim Kommen und Gehen überschreitet.

Wenn ihr bei euren Lehrreden die Selbst-Natur anwendet, solltet ihr nach außen innerhalb der Phänomene alle Phänomene abwerfen, nach innen inmitten der Leere die Leere abwerfen. Haftet ihr an Formen, werdet ihr eure ketzerischen Ansichten mehren; haftet ihr an der Leere, wird eure Unwissenheit anwachsen. Wer an der Leere haftet, würdigt die Sutras herab, indem er behauptet, sie benutzten keine geschriebenen Worte; in diesem Fall wäre es ja nicht einmal recht, auch nur zu sprechen, denn das Gesprochene ist ein Aspekt des Geschriebenen. Die so Irrenden behaupten auch: ‚Der direkte Weg begründet keine geschriebenen Worte', vergessen jedoch, dass ‚nicht begründen' ebenfalls Worte sind. Sobald sie jemanden den Dharma erläutern sehen, kritisieren sie ihn, weil er an Worten hänge. Ihr solltet verstehen, dass es schon schlimm genug ist, wie sie sich selbst täuschen, doch dazu kommt noch, dass sie Buddhas Sutras verleumden. Ihr solltet die Sutras nie in Abrede stellen, da dies eine unermessliche Übertretung darstellt. Auch wer lehrt, dass man die Wahrheit suchen solle, sich dabei jedoch an Äußerlichkeiten hängt, oder wer zahlreiche Übungszentren errichtet und dabei die Irrtümer einer Vorstellung von Sein und Nicht-Sein predigt, wird äonenlang nicht seine Natur erkennen.

Ihr solltet dem Dharma lauschen und euch im Einklang damit üben. Lasst euren Geist nicht träge werden, damit keine Hindernisse für euer Verständnis auftauchen. Wenn ihr die Lehre hört, aber nicht praktiziert, werdet ihr ketzerische Gedanken in den Köpfen anderer Menschen erzeugen. Folgt einfach dem Dharma und praktiziert das Almosengeben der Buddha-Wahrheit mit einem Geist, der nicht in Äußerlichkeiten verweilt.

Wenn ihr zu meiner Lehre erwacht und euch in eurer Rede daran haltet, werden Anwendung, Verhalten und Taten nicht von unserer Schule abweichen.

Wenn jemand euch über das Existierende befragt, erwähnt das Nicht-Existierende in eurer Antwort. Wenn man etwas über das Nicht-Existierende wissen will, sprecht vom Existierenden. Erkundigt man sich nach dem Weltlichen, erwähnt das Heilige und umgekehrt. So wird die gegenseitige Abhängigkeit der beiden Extreme die Bedeutung des mittleren Weges ans Licht bringen. Werden alle Fragen auf solche Art beantwortet, weicht ihr nicht vom Prinzip ab.

Nehmen wir an, jemand fragt euch: ‚Was ist Dunkelheit?', dann könntet ihr antworten: ‚Licht ist die erste und Dunkelheit die zweite Ursache. Wenn Licht schwindet, erscheint Dunkelheit. Licht offenbart Dunkelheit und Dunkelheit offenbart Licht.' Die Bedeutung des Mittleren Weges entsteht aus der gegenseitigen Abhängigkeit von Licht und Dunkelheit. Alle anderen Fragen sollten auf die gleiche Art beantwortet werden. Bei eurer Übertragung des Dharma solltet ihr mit dieser Lehre übereinstimmen und sie auf diese Weise übermitteln, damit ihr nicht vom Ziel unserer Schule abweicht."

Im siebten Mondmonat des Jahres 712, dem ersten Regierungsjahr der Taiji- und Yanhe-Periode, hieß der Meister seine Anhänger in den Guoensi in Xinzhou gehen, um dort eine Stupa zu errichten. Er trieb sie zur Eile an, so dass sie bereits Ende des Sommers im folgenden Jahr enthüllt werden konnte. Am ersten Tag des siebten Mondmonats im Jahre 713 versammelte er seine Schüler und sagte: „Im nächsten Monat werde ich diese Welt verlassen. Wenn einer von euch noch Zweifel hegt, sollte er mich alsbald befragen, und ich werde sie zerstreuen und all eure Täuschungen verschwinden lassen. Wenn ich fort bin, wird es niemanden geben, euch zu lehren."

Fahai und die anderen hörten dies und begannen zu weinen. Nur Shenhui blieb unbewegt und vergoss keine Tränen. Der Meister sagte: „Junger Meister Shenhui, du bist nun fähig, unbewegt zu bleiben im Angesicht von Gutem und Bösem sowie Lob und Tadel, ohne dass du Freude oder Betrübnis erzeugtest. Ihr anderen seid noch nicht so weit, welchen Weg habt ihr denn all die Jahre auf diesem Berg verfolgt? Um wen weint ihr denn nun so traurig? Wenn es euch leid um mich tut, dann wisst ihr nicht, wohin ich gehe. Ich weiß es freilich selbst. Wüsste ich es nicht, würde ich es euch nicht im Voraus ankündigen. Ihr weint also alle, weil ihr nicht wisst, wohin meine Reise geht, denn wenn ihr es wüsstet, würdet ihr keine Tränen vergießen. Die Dharma-Natur ist ursprünglich ohne Erzeugen und Auslöschen, ohne Kommen und Gehen. Setzt euch alle hin, dann rezitiere ich etwas für euch. Es heißt ‚Verse über die Wirklichkeit und das Vorläufige, die Bewegung und die Stille'."

Die Versammlung verbeugte sich vor dem Patriarchen und vernahm das Folgende:

„In allen Dingen ist nichts wirklich,
befreit euch also von der Idee der Wirklichkeit der Dinge.
Wer an die Wirklichkeit der Dinge glaubt,
wird von genau diesem illusorischen Konzept gefesselt.
Wer jedoch die Geist-Essenz in sich erkennt, weiß,
dass der ‚wahre Geist' jenseits der Phänomene existiert.
Überschreitet man nicht das Vorläufige,
die unwirklichen Phänomene,
wo kann man dann Wirklichkeit finden?

Fühlende Wesen sind beweglich,
unbelebte Objekte unbeweglich.
Wer sich darin übt, unbeweglich zu werden,
macht sich damit nur einem unbelebten Objekt gleich.

Solltet ihr wahre Unbeweglichkeit finden,
dann seid ihr bei euren Handlungen unbewegt.
Die Unbeweglichkeit unbelebter Dinge ist nur dies,
in ihnen findet man den Samen der Buddhaschaft nicht.

Wenn ihr alle Eigenschaften gut unterscheiden könnt,
verweilt ihr bewegungslos im Ersten Prinzip (Nirwana).
Wenn eure Wahrnehmung hiermit übereinstimmt,
dann ist dies das Wirken der Soheit *(bhûtatathatâ)*.

Ihr, die ihr den Weg beschreitet,
strengt euch an und seid wachsam,
damit ihr als Schüler des Mahâyâna
nicht jene Art von Wissen umarmt,
die euch ans Rad von Geburt und Tod fesselt!

Mit denen, die uns wohlgesinnt sind,
lasst uns über den Buddhismus sprechen.
Vor den anderen bringt eure Handflächen zusammen
(anjalimudrâ) und erfreut sie einfach.

Dispute sind unserer Schule fremd,
denn sie entsprechen nicht ihrer Doktrin.
Mit anderen zu streiten
unterwirft die eigene Geist-Essenz der Bitterkeit
weltlicher Existenz."

Nachdem sie diese Verse vernommen hatten, warfen sich alle Schüler vor dem Patriarchen nieder. Gemäß seiner Anweisung konzentrierten sie sich auf die Praxis des Dharma und enthielten sich Streitereien.

Da nun bekannt war, dass Huineng bald die Welt verlassen würde, verbeugte sich der Mönchsälteste Fahai erneut vor ihm und fragte: „An wen wird nach Eurem Eingehen ins Nirwana die Robe und der Dharma übertragen?“

Der Patriarch antwortete: „Seit meinen Predigten im Dafan-Tempel bis heute sind meine Lehren im ‚Plattform-Sutra des Dharmaschatzes‘ zusammengefasst worden. Du solltest gut darauf aufpassen und es zur Befreiung lebender Wesen an zukünftige Generationen weitergeben. Wer im Einklang damit lehrt, der lehrt den rechten Dharma. Was die Übertragung der Robe angeht, ist diese Praxis aufzugeben. Denn ihr alle vertraut meiner Lehre zutiefst und könnt euch frei von Zweifeln dieser großen Angelegenheit widmen. Laut dem Übertragungsvers des ersten Patriarchen, des großen Meisters Bodhidharma, sollte die Robe nicht übertragen werden. Er sagte:

‚Das Ziel meiner Reise in dieses Land war,
den Dharma zu übermitteln und alle Wesen zu befreien.
Eine Blume öffnet ihre fünf Blüten,
und die Frucht erscheint ganz von selbst.‘

Liebe Freunde, ihr habt alle eure Gedanken gereinigt und meinem Dharma gelauscht. Wenn ihr nun Buddhas unbegrenzte Weisheit *(sarvajnâ)* verwirklichen wollt, solltet ihr das ‚*samâdhi* der einen Eigenschaft‘ und das ‚*samâdhi* der einen Praxis‘ erlangen. Wenn ihr an allen Orten nicht in Eigenschaften verweilt und innerhalb solcher Eigenschaften weder Abscheu noch Anziehung erzeugt, weder ergreift noch ablehnt, wenn ihr nicht über Dinge wie Gewinn und Verlust nachdenkt und wenn ihr entspannt und still, bescheiden und leidenschaftslos seid, nennt man dies das ‚*samâdhi* der einen Eigenschaft‘. Wenn ihr beim Gehen, Stehen, Sitzen und Lieben einen reinen, gesammelten, geradlinigen Geist habt, nicht vom Ort der Erleuchtung weicht und wahrhaft ein reines Land schafft, nennt man dies das ‚*samâdhi* der einen Praxis‘.

Wer beide *samâdhi* verwirklicht, ist wie die Erde, die Samen birgt und bei ihrer Reifung zu Früchten nährt. So ist es auch beim *samâdhi* der einen Eigenschaft und der einen Praxis. Meine Predigt des Dharma an euch ist wie der Regen zur rechten Zeit, der die große Erde befeuchtet, und eure Buddha-Natur entspricht dem Samen, der durch diese Bewässerung zu wachsen beginnt. Wer meine Darlegung nachvollzieht, wird mit Sicherheit erwachen. Wer sich auf meine Praxis verlässt, wird gewiss deren wunderbare Frucht verwirklichen. Hört euch meine Verse an:

Der Geistgrund speichert die zahlreichen Samen,
die allesamt dank des universalen Regens ersprießen.
Mit der Blume plötzlichen Erwachens
  kommt die Klugheit ans Ende
und die Frucht von *bodhi* ersteht aus sich selbst.

Dieser Dharma ist nicht-dualistisch, und der Geist ist genauso. Der Weg *(dao)* ist rein und ohne die zahlreichen Eigenschaften. Ihr solltet alle achtsam sein und weder über Reinheit meditieren noch den Geist leer machen. Der Geist ist rein und kann weder ergriffen noch abgelehnt werden. Strengt euch alle an! Geht nun, wohin euch die Umstände treiben." Daraufhin verbeugte sich die Versammlung und zerstreute sich.

Am achten Tag des siebten Mondmonats richtete sich Großmeister Huineng plötzlich an seine Schüler und sagte: „Ich kehre nach Xinzhou zurück. Macht schnell ein Boot bereit!" Da brachen alle in Tränen aus und versuchten ihn zum Bleiben zu bewegen.

Der Meister sagte: „Die Erscheinung der Buddhas ist wie ihre Manifestation des Nirwana. Wo es Kommen gibt, muss es auch Gehen geben. Dies ist eine immerwährende Regel. Es muss einen Ort geben, an den dieses Skelett zurückkehrt."

Die Versammlung fragte: „Wenn Ihr nun geht, wie bald werdet Ihr zurückkehren?"

Der Meister erwiderte: „Blätter fallen und wandeln sich zu Wurzeln. Ich kann nicht sagen, wann ich zurückkehre."

Die anderen fragten weiter: „An wen wurde die Schatzkammer des wahren Dharma übertragen?"

Der Meister antwortete: „Wer erleuchtet ist, hat sie erlangt; wer ohne Geist ist, hat sie durchdrungen."

Die anderen fragten: „Wird es in Zukunft nicht Schwierigkeiten geben?"

Huineng sagte: „Fünf oder sechs Jahre nach meinem Nirwana wird jemand kommen, um mir den Kopf abzuschlagen. Ich mache nun folgende Weissagung:

Opfergaben auf dem Kopf wie für die Eltern,
und dann muss ein Mund gefüttert werden.
Wenn ein so genannter ‚Man' für Unheil sorgt,
werden Yang und Liu die Beamten sein.[29]"

Dann ergänzte Huineng: „Siebzig Jahre nach meinem Tod werden zwei Bodhisattvas aus dem Osten kommen, der eine ein Mönch[30], der andere ein Laie. Sie werden gleichzeitig unsere Schule begründen und zum Erblühen bringen, Klöster renovieren und die Lehre an zahlreiche Nachkommen übermitteln."

Die Mönche der Versammlung fragten: „Wir wissen noch gar nicht, über welche Generationen die Übertragung seit den Buddhas und Patriarchen der Vergangenheit geschah. Bitte legt es uns dar."

Der Meister sagte: „Die altehrwürdigen Buddhas haben in unermesslicher Zahl jenseits unserer Vorstellungskraft auf die

---

[29] Die Vorhersage lautete, dass ein koreanischer Mönch den Kopf des Patriarchen zur Verehrung nach Korea brächte und sich dabei eines Gehilfen namens Man bediente.

[30] Einige sehen darin Mazu, andere Huangpo angekündigt.

Welt reagiert. Lasst uns mit den ersten sieben Buddhas beginnen, das waren: Vipashyin Buddha, Shikhin Buddha und Vishvabhû Buddha aus dem Glorreichen Zeitalter *(alamkârakakalpa)* sowie Krakucchanda Buddha, Kanakamuni Buddha, Kâshyapa Buddha und Shâkyamuni Buddha aus dem gegenwärtigen Tugendhaften Zeitalter *(bhadrakalpa)*; dies sind die sieben Buddhas.

Nehmen wir Shâkyamuni Buddha als den ersten der sieben Buddhas, dann lautet die Übertragungslinie wie folgt:

1. Ârya (Der Geehrte) Mahâkâshyapa
2. Ârya Ânanda
3. Ârya Shanavâsa
4. Ârya Upagupta
5. Ârya Dhîtika
6. Ârya Mishraka
7. Ârya Vasumitra
8. Ârya Buddhanandi
9. Ârya Buddhamitra
10. Ârya Pârshva
11. Ârya Punyayashas
12. Ârya Ashvaghosha
13. Ârya Kapimala
14. Ârya Nâgârjuna
15. Ârya Kânadeva
16. Ârya Râhulata
17. Ârya Samghanandi
18. Ârya Gayashata
19. Ârya Kumâralâta
20. Ârya Jayata
21. Ârya Vasubandhu
22. Ârya Manorahita
23. Ârya Halenayashas
24. Ârya Simha
25. Ârya Vasishta
26. Ârya Punyamitra
27. Ârya Prajnâtâra
28. Ârya Bodhidarma

29. Großmeister Huike
30. Großmeister Sengcan
31. Großmeister Daoxin
32. Großmeister Hongren

Ich, Huineng, bin der 33. Patriarch. Von Beginn an hatten die Patriarchen alle Nachfolger. Wenn es in Zukunft darum geht, die Übertragung fortzusetzen, dürft ihr keine Fehler machen!"

Nach einem vegetarischen Festessen im Guoensi in Xinzhou am dritten Tag des achten Mondmonats im Jahre 713 sprach Huineng zu seinen Anhängern: „Bitte setzt euch, ich will von euch Abschied nehmen."

Fahai fragte: „Ehrwürden, welche Lehre hinterlasst Ihr, damit die verirrten Menschen der Zukunft auch die Buddha-Natur erkennen können?"

Der Meister antwortete: „Hört mir alle gut zu. Wenn die Verwirrten der Zukunft fühlende Wesen erkennen, werden sie die Buddha-Natur wahrnehmen. Wenn sie fühlende Wesen nicht erkennen, könnten sie den Buddha zehntausend Äonen lang suchen, ohne ihm zu begegnen. Ich lehre Euch also nun: Das fühlende Wesen im eigenen Geist zu erkennen bedeutet, die Buddha-Natur im eigenen Geist zu sehen. Wenn ihr Buddha sehen wollt, erkennt also einfach das fühlende Wesen in eurem Geist. Es sind nur fühlende Wesen, die sich über den Buddha täuschen; die Buddhas täuschen sich nicht über fühlende Wesen. Wenn ihr zu eurer Selbst-Natur erwacht, dann ist das fühlende Wesen Buddha; wenn ihr über eure Selbst-Natur getäuscht seid, dann ist, was ein Buddha sein könnte, nur ein fühlendes Wesen. Ist die Selbst-Natur wertfrei, dann ist das fühlende Wesen Buddha; ist sie falsch und stolz, ist der Buddha ein fühlendes Wesen. Wenn euer Geist verdreht ist, dann ist der Buddha im fühlenden Wesen versteckt. Ist ein einziger Gedankenmoment jedoch wertfrei und geradeheraus, dann wird das fühlende Wesen ein Buddha. Der eigene Geist besitzt den

Buddha, dieser Eigenbuddha ist der wahre Buddha. Wenn jemand jedoch ohne Buddha-Geist ist, wo könnte er den wahren Buddha dann suchen? Euer eigener Geist ist der Buddha, zweifelt nicht daran! Davon abgesehen gibt es nicht ein Ding, das behauptet werden könnte. Jeder von uns erzeugt die zehntausend Arten von *dharmas* aus seinem ursprünglichen Geist. Darum heißt es im Sutra: ‚Wird der Geist erzeugt, dann auch die zahlreichen Arten von *dharmas*; wird der Geist ausgelöscht, dann auch all die *dharmas*.‘

Ich werde euch nun zum Abschied meine ‚Verse über den Wahren Buddha der Selbst-Natur‘ hinterlassen. Wenn später Menschen den Sinn dieser Verse begreifen, werden sie ihren eigenen ursprünglichen Geist erkennen und die Erleuchtung der Buddhaschaft erlangen.

Die Selbst-Natur oder Soheit ist der wahre Buddha,
die drei Gifte falscher Ansichten sind der Dämon Mâra.
Während irriger Ansichten weilt Mâra im eigenen Haus,
während rechter Sicht ist Buddha in der Halle.

Werden falsche Ansichten und die drei Gifte
in der Selbst-Natur erzeugt,
ist das wie Mâra ins eigene Haus einzuladen.
Löscht man aber durch rechte Sicht die drei Gifte
im Geist aus,
wird Mâra in den wahren Buddha verwandelt.

Dharmakâya, *sambhogakâya* und *nirmânakâya:*
Die drei Körper sind ursprünglich ein einziger.
Wenn man dies intuitiv erkennen kann,
wird es zur Ursache von *bodhi*
und dem Erlangen von Buddhaschaft.

Aus dem *nirmânakâya* entsteht unsere reine Natur,
die reine Natur ist stets innerhalb von *nirmânakâya.*

Diese Natur macht die Praxis des *nirmânakâya*
zum Rechten Pfad,
und wird eines Tages zu unbegrenzter Vollkommenheit
(sambhogakâya).
Reine Natur ist die Folge unserer sinnlichen Instinkte.
Indem wir die Sinnlichkeit loswerden,
erlangen wir reines *dharmakâya.*
Sind wir nicht länger Sklaven der Sinnesobjekte
und haben die Selbst-Natur auch nur einen Moment lang
verwirklicht, dann haben wir die Wahrheit erkannt.

Sollten wir das Glück haben, in diesem Leben
zu Schülern des plötzlichen Erwachens zu werden,
werden wir plötzlich den Bhagavat (Weltgeehrten)
in unserer Selbst-Natur erkennen.
Wer durch bestimmte Praktiken
den Buddha im Äußeren sucht,
der weiß nicht, wo er tatsächlich zu finden ist.

Wer jedoch die Wahrheit in seinem eigenen Geist
verwirklichen kann,
hat den Samen zur Buddhaschaft gesät.
Einer, der die Selbst-Natur nicht erkannt hat
und den Buddha außerhalb sucht,
ist ein Narr, der von falschen Begierden geleitet wird.

Ich habe hiermit der Nachwelt die Lehre
der plötzlichen Schule hinterlassen,
zum Heil all der fühlenden Wesen,
denen an ihrer Ausübung liegt.
Hört mich an, zukünftige Schüler!
Eure Zeit wird vergeudet sein,
wenn ihr diese Lehre nicht in die Praxis umsetzt.“

Nachdem er dies rezitiert hatte, ergänzte Huineng: „Gebt gut auf euch acht. Nach meinem Tod folgt bitte nicht der weltlichen Tradition, weint und lamentiert also nicht. Es sollten auch keine Beileidsbekundungen angenommen und keine Trauerkleidung getragen werden, denn diese Dinge entsprechen nicht unserer Lehre, und wer sie tut, ist nicht mein Schüler. Ihr solltet hingegen euren eigenen Geist ergründen und eure Buddha-Natur verwirklichen, die weder ruht noch sich bewegt, weder entsteht noch vergeht, weder kommt noch geht, weder bestätigt noch verneint, weder bleibt noch sich entfernt. Für den Fall, dass euer Geist der Täuschung anheimfällt und so die Bedeutung meiner Worte verfehlt, wiederhole ich dies, damit ihr eure Selbst-Natur erkennen könnt. Wenn ihr nach meinem Tod meine Anleitungen ausführt und entsprechend praktiziert, wird meine Abwesenheit keinen Unterschied machen. Richtet ihr euch aber gegen meine Lehre, werdet ihr keinen Nutzen haben, selbst wenn ihr hierbleibt." Daraufhin sprach er weitere Verse:

„Unerschütterlich und gleichmütig praktiziert
  der ideale Mensch keine Tugend.
Selbstbeherrscht und leidenschaftslos,
  begeht er keine Missetat.
Ruhig und still gibt er Sehen und Hören auf,
ausgeglichen und aufrecht verweilt sein Geist nirgendwo."

Nach diesen Worten saß Huineng in formeller Haltung bis zur dritten Nachtwache. Dann sagte er plötzlich zu seinen Schülern: „Ich gehe jetzt", und schied sogleich dahin. Ein besonderer Duft durchzog den Raum, ein weißer Regenbogen berührte die Erde, auch die Bäume im Wald wechselten ihre Farbe zu Weiß, und die Vögel und Tiere kreischten vor Trauer.

Im elften Mondmonat stritten sich die Beamten der Präfekturen Guangzhou, Shaozhou und Xinzhou mit Mönchen und Laien darum, wer den Körper des Meisters erhalten sollte. Da sie zu keiner Einigung kamen, verbrannten sie Weihrauch, um ein Zeichen zu erhalten, und sprachen: „Dieser Rauch wird uns zeigen, in welche Richtung der Körper des Meisters zurückkehren sollte.“ Der Rauch zog direkt in Richtung Caoqi.

Am dreizehnten Tag des elften Mondmonats wurden des Meisters Sarg, Robe und Schale zurück nach Caoqi gebracht. Im siebten Monat des folgenden Jahres wurde der Sarg geöffnet, und der Schüler Fangbian verstrich Weihrauchpaste über des Meisters Leiche. Da sie sich an die Weissagung Huinengs erinnerten, bedeckten die Mönche den Hals des Meisters mit Metallplättchen und brachten den Leichnam in die Stupa. Plötzlich erstrahlte aus deren Innerem ein weißes Licht direkt bis in den Himmel. Drei Tage später begann es zu verschwinden. Der Präfekt von Shaozhou erinnerte sich dieser Vorfälle, und ein Edikt zur Errichtung einer Stele wurde verkündigt, die die spirituellen Aktivitäten des Meisters verzeichnete.

Huineng wurde siebenundsechzig Jahre alt. Er empfing die Übertragung der Robe mit vierundzwanzig und scherte sein Haupt, um Mönch zu werden, mit neununddreißig. Der Meister übertrug den Dharma an dreiundvierzig Menschen. Die Zahl derer, die durch ihn erleuchtet wurden und den unerwachten Zustand des gewöhnlichen Menschen überschritten, ist unbekannt.

Die Robe, die von Bodhidharma als Symbol des Glaubens übertragen wurde, eine wertvolle Kristall-Schale, die der Kaiser Zhongzong vermacht, und eine Statue des Meisters, die Fangbian angefertigt hatte, sind zusammen mit Huinengs religiösen Utensilien auf ewig im Übungszentrum des Baolin-Tempels eingelagert.

Dieses Plattform-Sutra wurde übermittelt, um die wesentliche Lehre zu manifestieren, den dreifachen Schatz zu verbreiten und allen lebenden Wesen von Nutzen zu sein.